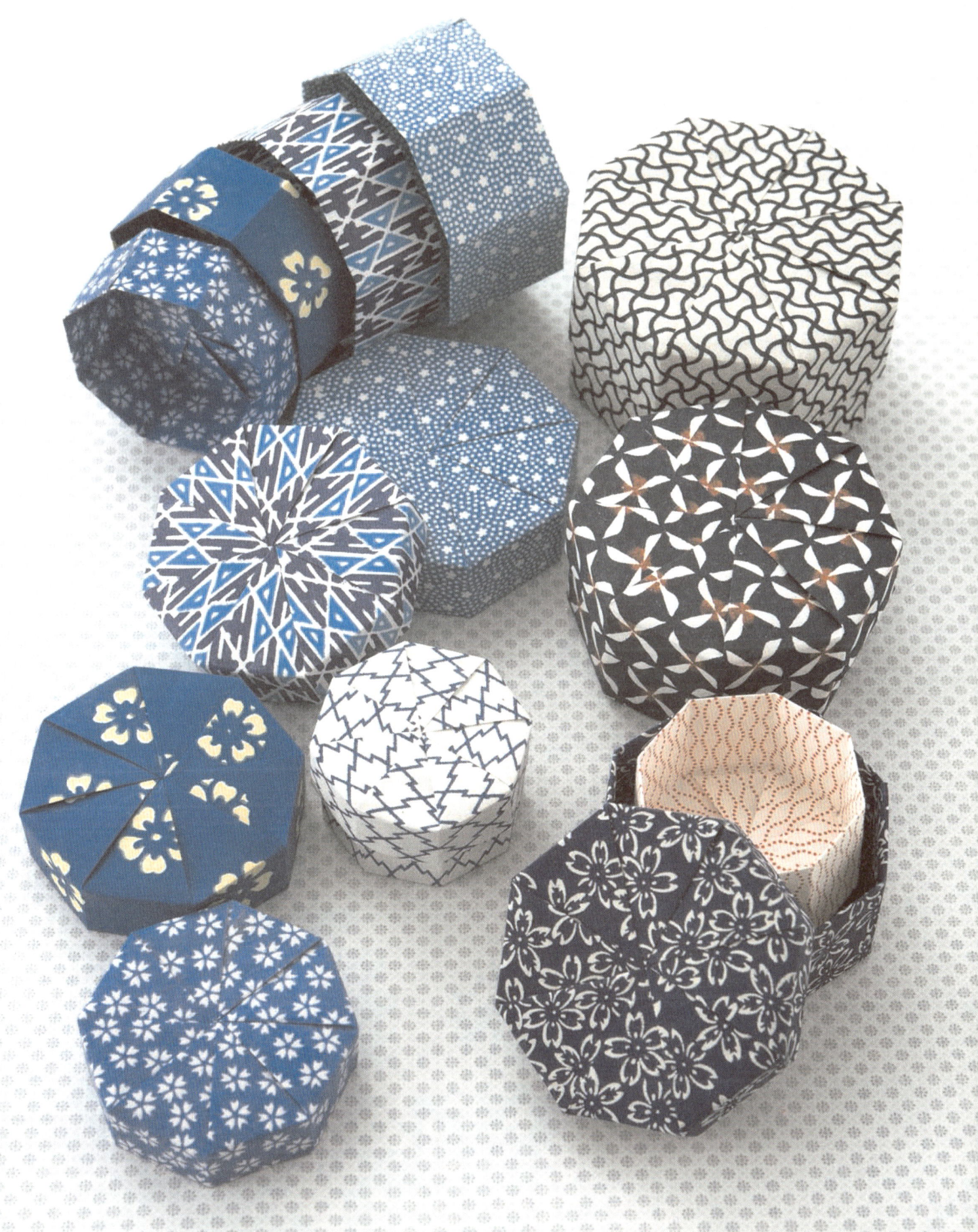

직사각형 종이
한 장으로 접는 다각형
상자 종이접기 3

직사각형 종이
한 장으로 접는 다각형
상자 종이접기 3

초판 인쇄일 _ 2015년 3월 10일
초판 발행일 _ 2015년 3월 20일
지은이 _ 후세 토모코
발행인 _ 박정모
등록번호 _ 제9-295호
발행처 _ 도서출판 혜지원
주소 _ (413-120) 경기도 파주시 회동길 445-4(문발동 638) 302호
전화 _ 031)955-9221~5   팩스 _ 031)955-9220
홈페이지 _ www.hyejiwon.co.kr

기획·번역 _ 송유선
디자인 _ 김보라
영업마케팅 _ 김남권, 황대일, 서지영
ISBN _ 978-89-8379-847-3
정가 _ 13,000원

HAKO NO ORIGAMI 3 by Tomoko Fuse (NV70240)
Copyright © Tomoko Fuse /NIHON VOGUE-SHA 2014
All rights reserved.
First published in Japan in 2014 by Nihon Vogue Co., Ltd.
Photographer: Noriaki Moriya

This Korean edition is published by arrangement with Nihon Vogue Co., Ltd, Tokyo
in care of Tuttle-Mori Agency, Inc., Tokyo through Danny Hong Agency, Seoul.
Korean translation copyright © 2015 by Hyejiwon Publishing Co.

이 책의 한국어판 저작권은 대니홍 에이전시를 통한 저작권사와의 독점 계약으로 도서출판 혜지원에 있습니다.
저작권법에 의해 한국 내에서 보호를 받는 저작물이므로 무단전재와 복제를 금합니다.

● 잘못 만들어진 책은 구입한 서점에서 교환해 드립니다.

이 도서의 국립중앙도서관 출판예정도서목록(CIP)은 서지정보유통지원시스템 홈페이지(http://seoji.nl.go.kr)와
국가자료공동목록시스템(http://www.nl.go.kr/kolisnet)에서 이용하실 수 있습니다.(CIP제어번호 : CIP2015007542)

직사각형 종이 한 장으로 접는 다각형

상자 종이접기 3

후세 토모코 지음

혜지원

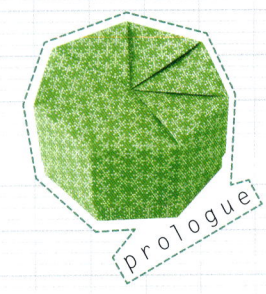

prologue

상자 종이접기 시리즈의 마지막 세 번째는

육각 · 칠각 · 팔각 · 십각 상자입니다.

각의 수가 많을수록 주름도 많아지기 때문에

접기가 조금 어려워집니다.

하지만 각각 각의 수에 맞춘 각도가 다를 뿐,

접는 방법이나 테크닉은 같습니다.

처음에는 접는 게 어려워서 던져버리고 싶은 마음이 들지도 모릅니다.

어떻게 접는지 이해는 했지만 마음대로 접히지 않는 것이겠죠.

우선 연습용으로 A4 용지를 사용해 대충 접어 보세요.

그 사이에 요령을 익힐 수 있을 겁니다.

각의 수가 많은 만큼, 상자의 뚜껑에 다양한 디자인이나

호화로운 장식을 만들 수 있습니다.

우선은 각의 수가 적은 육각 상자부터 시작하기를 추천합니다.

상자 종이접기는 종이의 선택과 접기의 콜라보레이션입니다.

두 가지가 잘 어우러질 때 눈과 손이 즐겁고, 행복한 기분에 휩싸여

종이접기를 즐길 수 있을 것입니다.

CONTENTS

PART 1 HEXAGON
육각형 상자

더블 로크 육각 상자 …… 12

육각 상자 뚜껑 기본 …… 19

    육각 상자 뚜껑 손잡이(삼각) …… 23
    육각 상자 뚜껑 꽃 모양 1, 국화꽃, 뒤집힌 꽃 …… 23
    육각 상자 뚜껑 꽃 모양 2, 6장 말린 꽃잎, 3장 말린 꽃잎 …… 26
    육각 상자 뚜껑 단추 …… 29
    육각 상자 뚜껑 소용돌이 …… 30
    육각 상자 뚜껑 겹꽃, 잎 …… 32
    육각 상자 뚜껑 회전목마, 연령초 …… 34
    육각 상자 뚜껑 꽃부리, 꽃봉오리, 롤 꽃 …… 36
    올록볼록 육각 상자 뚜껑 세 개의 산, 오목한 세 개의 산 …… 40
    올록볼록 육각 상자 뚜껑 오목한 삼각 지붕, 볼록한 삼각 지붕 …… 45
    올록볼록 육각 상자 뚜껑 오목한 뚜껑, 볼록한 뚜껑 …… 49
    올록볼록 육각 상자 뚜껑 더블 버블 …… 52
    올록볼록 육각 상자 뚜껑 잎 …… 55

상자 속의 상자 삼각 90°~30° …… 59

    육각 상자에 넣기 …… 63

PART 2
HEPTAGON
칠각형 상자

더블 로크 칠각 상자 ······ 67

칠각 상자 뚜껑 기본 ······ 72

    칠각 상자 뚜껑 **겹꽃** ······ 76
    칠각 상자 뚜껑 **꽃, 말린 꽃, 단추** ······ 77
    칠각 상자 뚜껑 **되접는 꽃 1, 되접는 국화꽃, 되접는 꽃 2** ······ 80
    칠각 상자 뚜껑 **꽃봉오리, 꽃부리** ······ 81

PART 3
OCTAGON
팔각형 상자

더블 로크 팔각 상자 ······ 86

팔각 상자 뚜껑 기본 ······ 92

    팔각 상자 뚜껑 **되접는 꽃, 되접는 국화꽃** ······ 98
    팔각 상자 뚜껑 **꽃, 단추, 말린 꽃 1** ······ 100
    팔각 상자 뚜껑 **겹꽃, 겹잎** ······ 103
    팔각 상자 뚜껑 **사각 단추** ······ 106
    팔각 상자 뚜껑 **손잡이** ······ 108
    팔각 상자 뚜껑 **말린 꽃 2** ······ 109
    팔각 상자 뚜껑 **네 장의 꽃잎** ······ 111
    팔각 상자 뚜껑 **꽃부리, 꽃봉오리** ······ 113
    팔각 상자 뚜껑 **산딸나무, 회전목마** ······ 116
    올록볼록 팔각 상자 뚜껑 **오목한 마름모** ······ 119
    올록볼록 팔각 상자 뚜껑 **네 개의 굴** ······ 121
    올록볼록 팔각 상자 뚜껑 **오목한 돔** ······ 124

PART 4
DECAGON
십각형 상자

볼록한 팔각 상자 본체 ⋯⋯ 127

올록볼록 팔각 상자 뚜껑 꽃 모양 돔,
　　　　　　　　　뒤집은 꽃 모양 돔 ⋯⋯ 131
칠각형 꽃 모양 돔, 뒤집은 꽃 모양 돔 ⋯⋯ 135

더블 로크 십각 상자 ⋯⋯ 138

십각 상자 뚜껑 기본 1 ⋯⋯ 144

십각 상자 뚜껑 꽃 ⋯⋯ 148
십각 상자 뚜껑 단추 ⋯⋯ 149
십각 상자 뚜껑 도라지꽃 ⋯⋯ 150
십각 상자 뚜껑 꽃봉오리 ⋯⋯ 153
십각 상자 뚜껑 되접는 꽃, 되접는 국화꽃 ⋯⋯ 156

십각 상자 뚜껑 기본 2 ⋯⋯ 158

십각 상자 뚜껑 별 ⋯⋯ 161
십각 상자 뚜껑 회전목마 ⋯⋯ 162
십각 상자 뚜껑 꽃 탑 A, B ⋯⋯ 163

◆ 종이접기 규칙 ◆

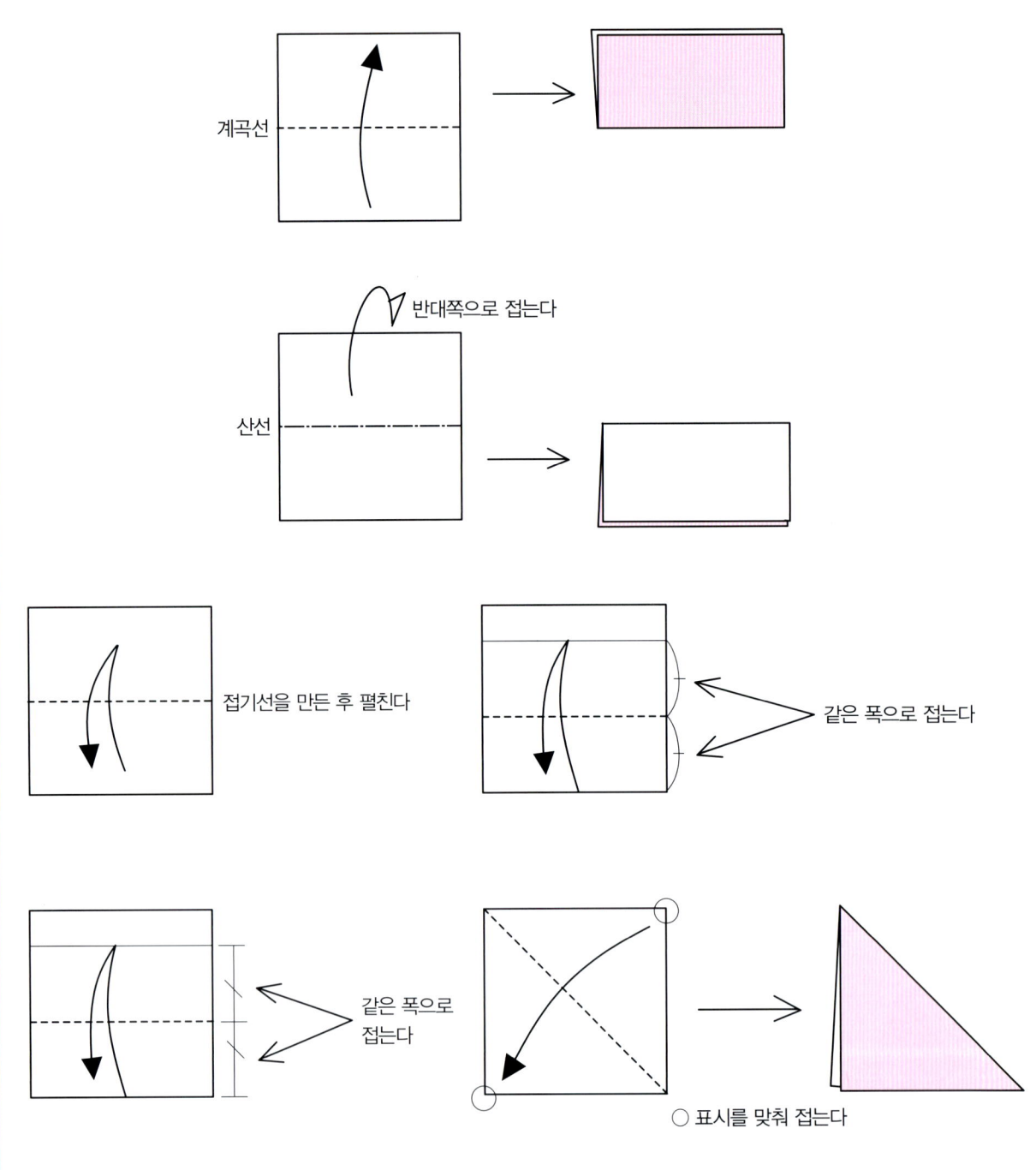

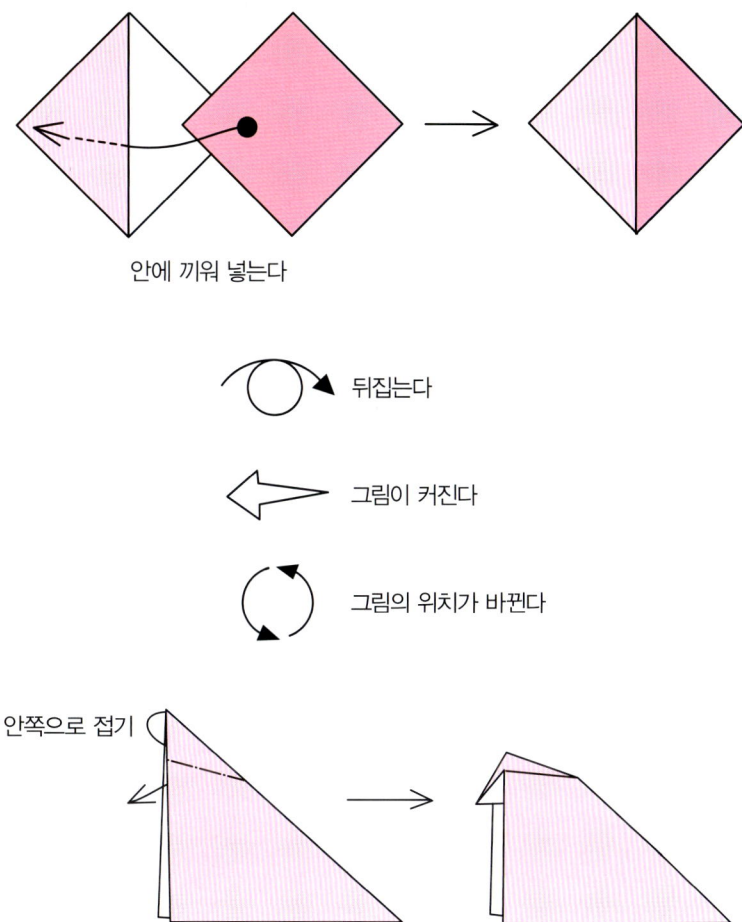

Advice

1 이 책의 상자는 순서대로 접어가는 것이 아니라 미리 접기선을 만들고 전체를 정돈하여 하나로 만드는 것입니다. 그러므로 접기선을 하나하나 제대로 만드는 것이 중요합니다.

2 접기 연습은 A4 용지 크기를 기본으로 하고 있지만 각의 수가 많아지면 크기가 작아지는 것도 있습니다. 상황에 따라 B4 용지 크기의 종이로 연습해 주세요.

PART 1
HEXAGON

육각형
상자

뚜껑과 본체를 각각 한 장으로 접는 상자입니다. 변의 수가 많아진 만큼 지금까지의 상자보다 정리하기 어려울지도 모릅니다.
우선 A4 용지로 연습을 한 후 크기를 바꾸거나 마음에 드는 종이로 접어 보세요.
한 변의 폭(L)의 6배와 풀칠하는 곳(α)이 종이의 가로 폭이며, 상자의 깊이를 정하는 세로 폭(H)은 변의 비를 기준으로 마음에 드는 길이를 찾아 접어 봅시다.

【더블 로크 육각 상자/12쪽】

【육각 상자 뚜껑 · 손잡이(삼각)/23쪽】

【육각 상자 뚜껑 · 꽃 모양 1/23쪽】

【육각 상자 뚜껑 · 꽃 모양 2/26쪽】

【육각 상자 뚜껑 · 단추/29쪽】

【육각 상자 뚜껑 · 겹꽃/32쪽】

【육각 상자 뚜껑 · 회전목마/34쪽】

【육각 상자 뚜껑 · 꽃봉오리/38쪽】

【올록볼록 육각 상자 뚜껑 · 세 개의 산/40쪽】

【올록볼록 육각 상자 뚜껑 · 볼록한 삼각 지붕/47쪽】

【올록볼록 육각 상자 뚜껑 · 더블 버블/52쪽】

【올록볼록 육각 상자 뚜껑 · 잎/55쪽】

더블 로크 육각 상자

연습 : A4(210×297mm)를 잘라 사용

상자 크기 8.5×6cm
뚜껑의 종이 크기 (29.4+α)×11.5cm
본체의 종이 크기 (28+α)×18cm
※ 본체는 육각 상자 간이 버전

상자 크기 8.2×5.2cm

바닥이 바깥쪽과 안쪽에 이중으로 닫히는 상자로, 안쪽의 바깥면과 바닥에 이음매가 보이지 않기 때문에 깔끔한 모양으로 완성되는 상자입니다.

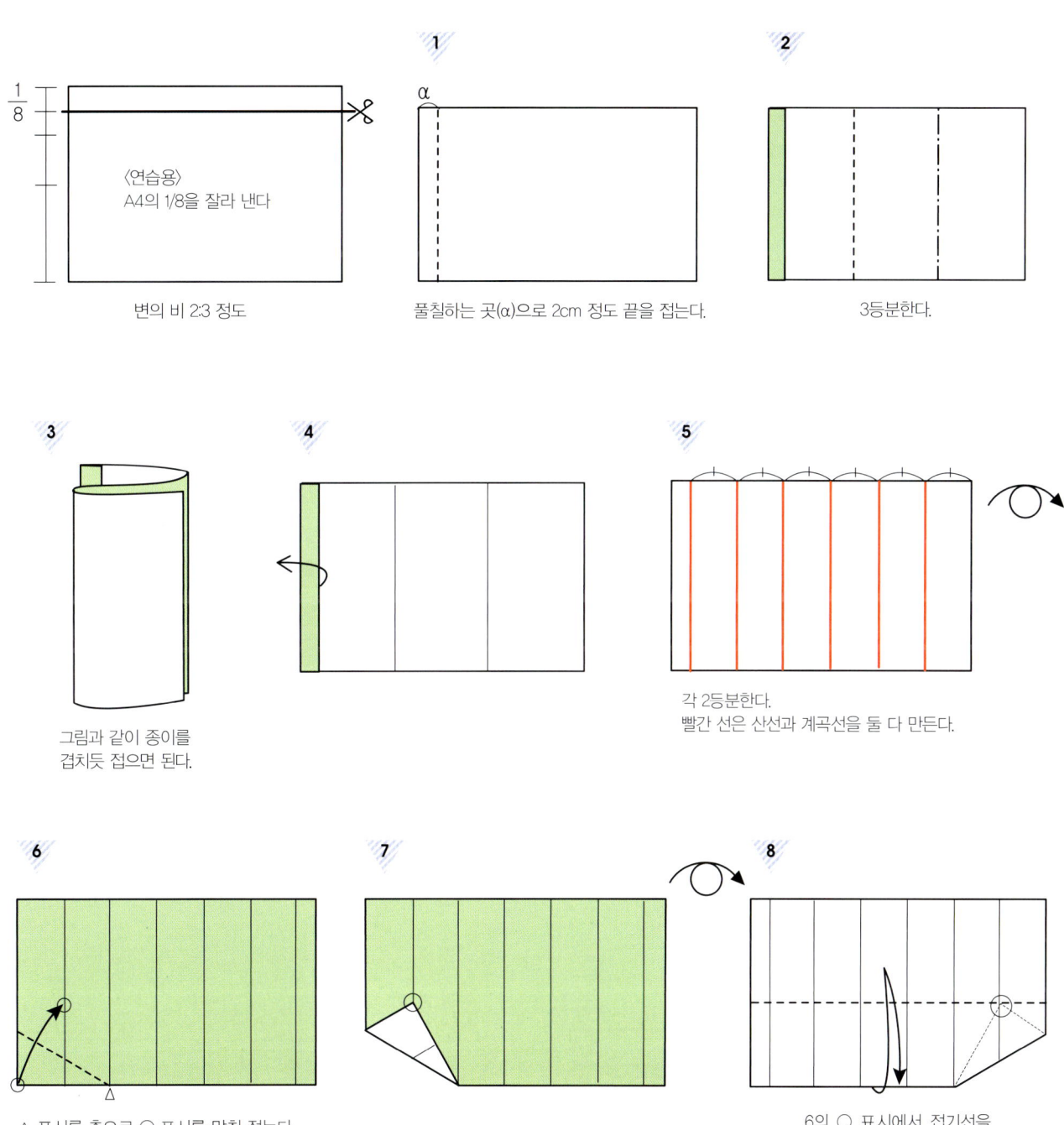

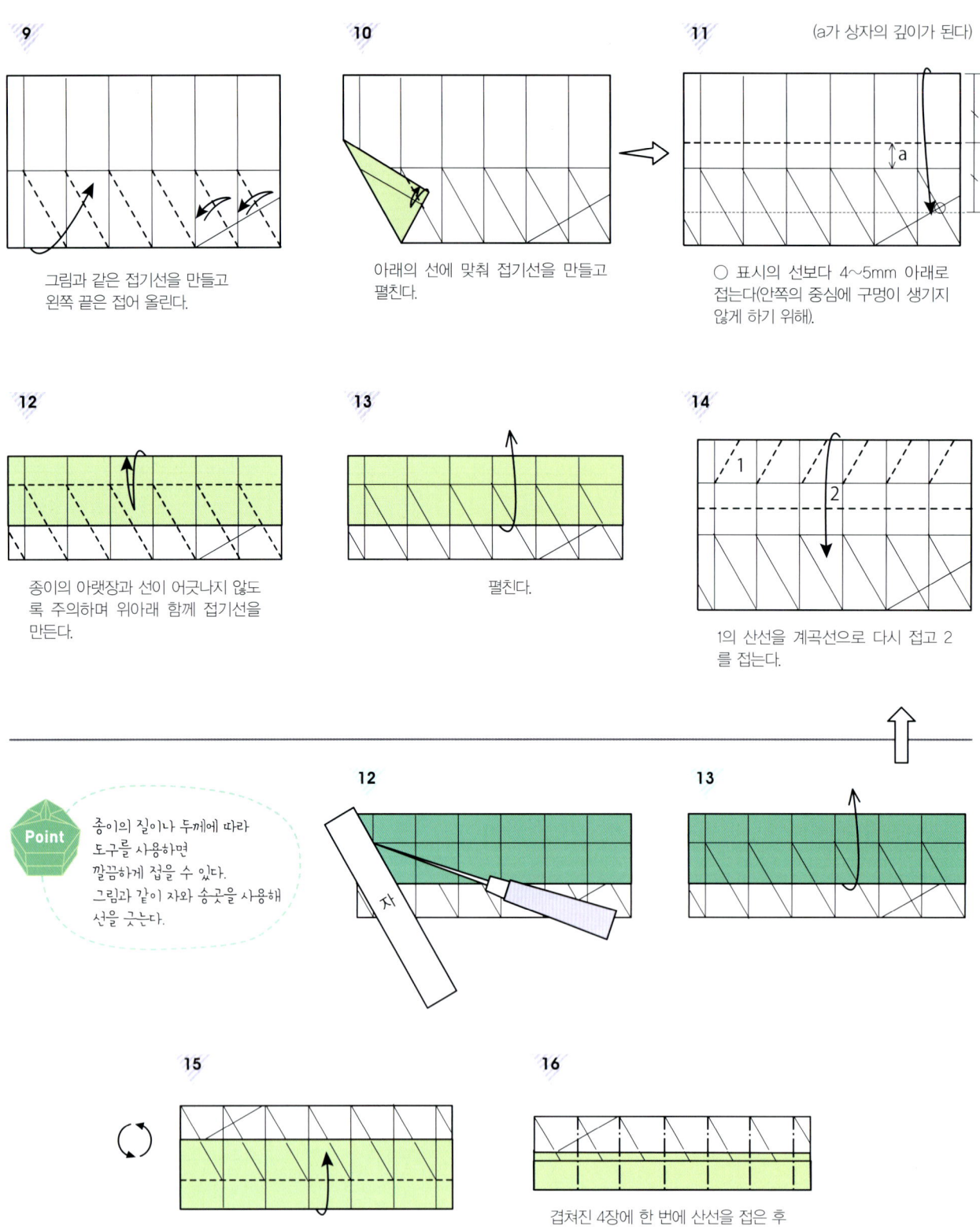

17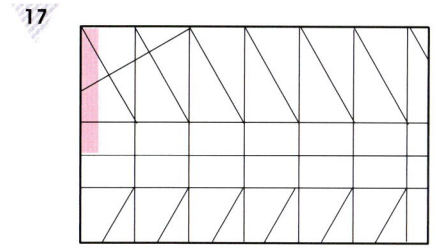

풀칠하는 곳과 겹치는 부분(색칠된 부분)에 풀칠을 한 후 16번 모양으로 돌아간다.
※ 통 모양으로 만들 때까지 풀칠한 곳에 주의한다.

18 바깥쪽에서 본 그림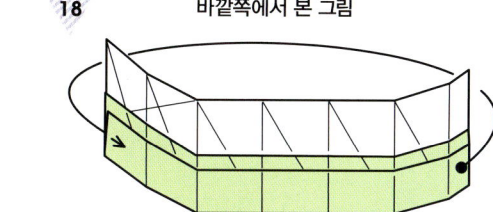

끝 부분을 끼우고 육각의 통 모양을 만든다.

19 안쪽에서 본 그림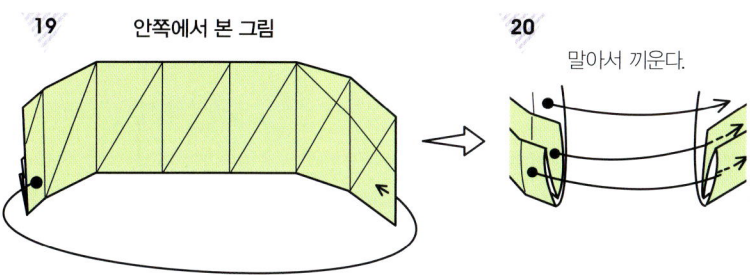

20 말아서 끼운다.

21 주름을 중앙으로 모은 후 비틀면 된다.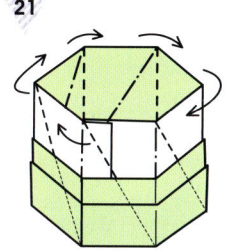

우선 안쪽의 한 장을 비튼 후 중심을 닫아 평평한 바닥을 만든다.

22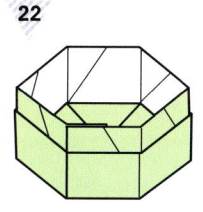

23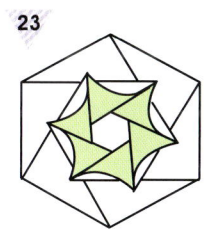

24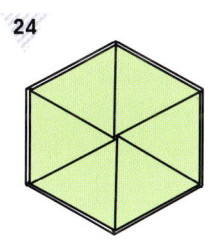

평평하게 한 모습

▲▼ 안쪽의 로크(닫는 법) 포인트

1. 주름을 잡고 중앙으로 모은다.
2. 손가락을 아래로 넣어 시계 방향으로 비틀면서 중앙을 닫고, 안쪽의 주름을 사방으로 퍼지게 하며 벌린다.
3. 펼쳐서 바닥을 평평하게 한다.
4. 상자의 바닥. 동시에 바깥쪽도 닫힌다.

안쪽을 위에서 본 그림

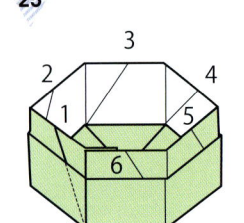

25 나머지 한 장의 안쪽도 번호순으로 씌우며 바닥에 포개어 간다.

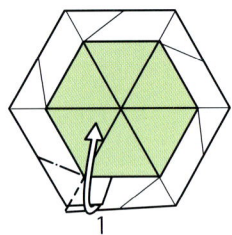

26 풀칠하는 부분(겹쳐진 곳의 작은 부분)부터 씌워 바닥에 포개어 간다.

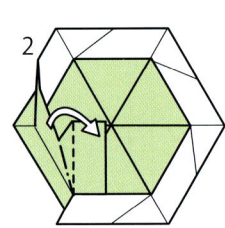

27 다음 부분을 씌워 포갠다.

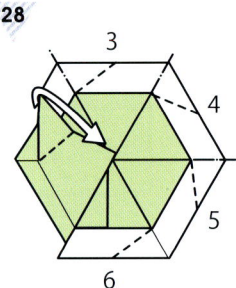

28 순서대로 씌우며 포개어 간다.

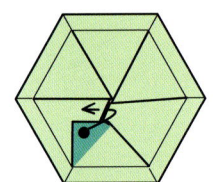

29 마지막으로 색이 진한 부분을 안에 끼워 넣는다.

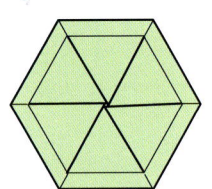

30

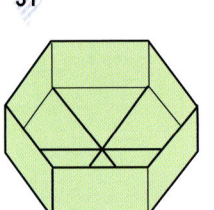

31

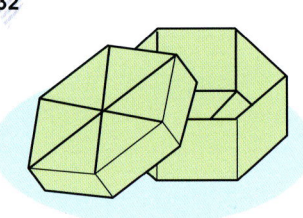

32

작품의 종이 크기
뚜껑 / (25+α)×16cm
본체 / (23.5+α)×21cm

육각 상자 본체와 뚜껑의 길이

뚜껑과 본체는 오른쪽과 같이 풀칠하는 곳에서 차를 두어도 좋고, 종이의 크기를 바꾸어도 상관 없습니다. 중요한 것은 L과 H의 길이입니다. L과 H의 길이를 가감하여 보다 나은 길이를 찾아봅시다.

길이 예(단위 cm)

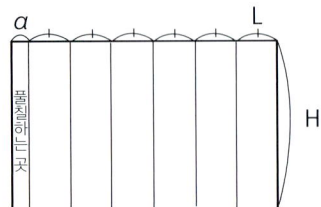

L : 바닥 면적을 결정 – 길수록 커진다
H : 깊이를 결정 – 길수록 깊어진다

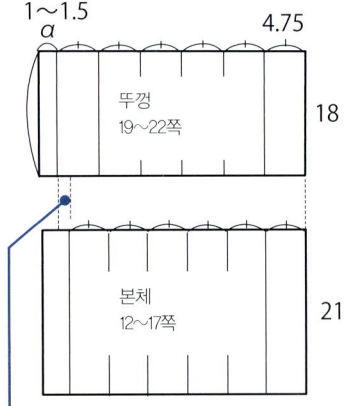

본체를 1.2~1.5cm 정도 작게 한다.
※ 본체의 세로 길이는 뚜껑보다 2cm 이상 길게 한다.

육각 상자 간이 버전

종이가 두꺼운 경우에는 13쪽의 1번부터 10번까지 접고 나서 오른쪽 그림과 같이 접으면 더블 로크의 안쪽을 생략할 수 있습니다. 상황에 따라 적절하게 사용해 주세요.

14쪽의 10번부터

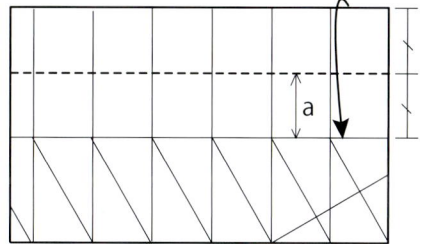
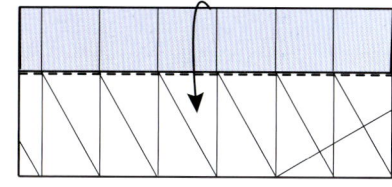

이하 14쪽의 15번부터 15쪽의 24번까지 참조

상자 크기 10.5×3.8cm
뚜껑의 종이 크기 (31.5+a)×14cm
본체의 종이 크기 (30+a)×19cm
※ 안쪽의 바닥에 평평하게 펼쳐져 있는 주름이 나온다.

육각형 상자

더블 로크 육각 상자 모음

포장용 상자로 편리한 육각 상자.
넣을 물건에 맞춰
상자의 크기를 정해 보세요.

육각 상자 뚜껑 기본

연습 : A4(210×297mm)를 잘라 사용

상자 크기 8×8.5cm
※ 본체는 육각 상자 간이 버전

손잡이(삼각)

뚜껑의 윗부분에 다양한 모양을 만들어 내기 위한 기본 뚜껑의 접는 방법입니다.

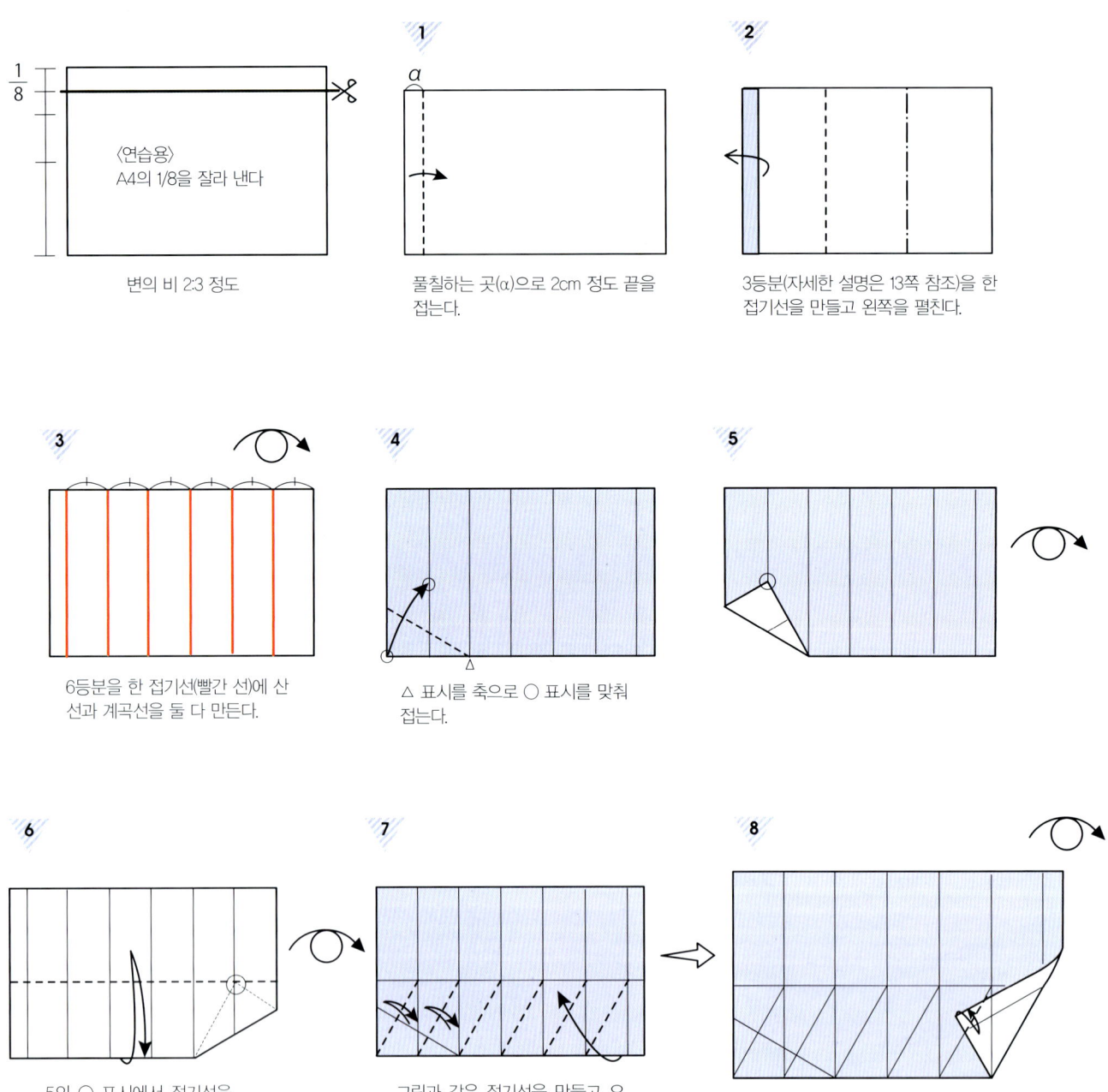

9
(a가 상자의 깊이가 된다)

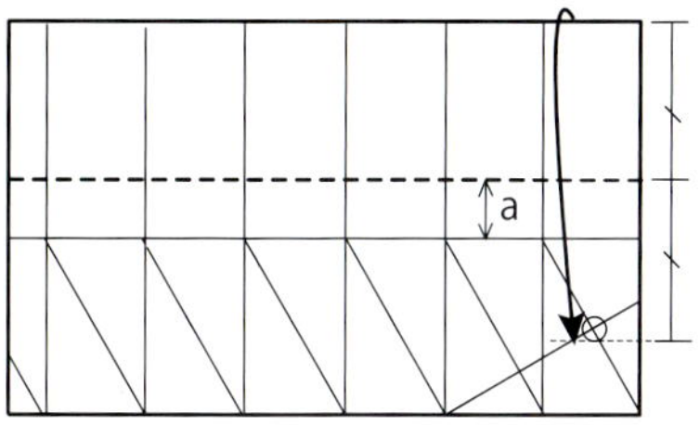

○ 표시보다 4~5mm 아래로 접는다(안쪽의 중심에 구멍이 생기지 않게 하기 위해).

10
위아래에 함께 계곡선을 만든다.

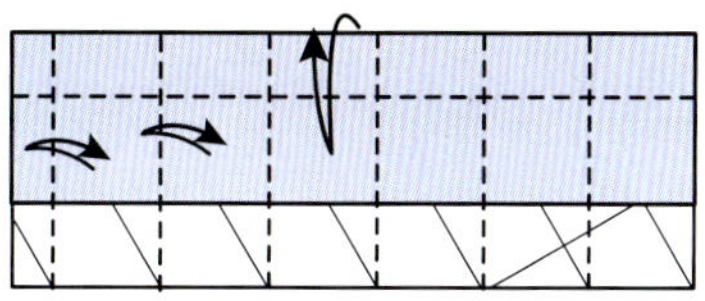

11
위아래에 함께 접기선을 만들고 펼친다.

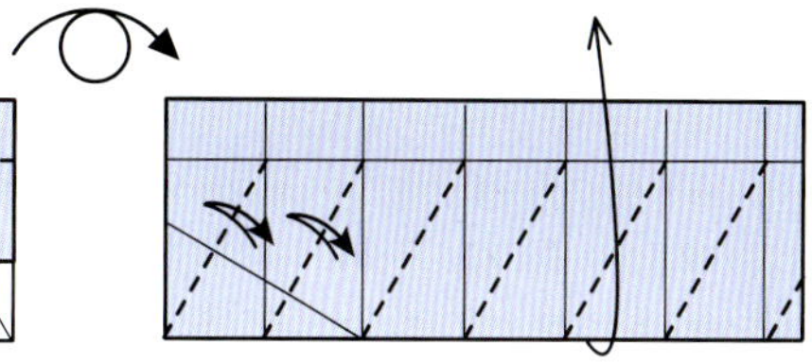

12
계단접기를 하고 펼친 후, 풀칠하는 곳과 겹치는 부분(색칠된 부분)에 풀칠한다.
※ 주의 : 23쪽에서는 풀칠하지 않는다.

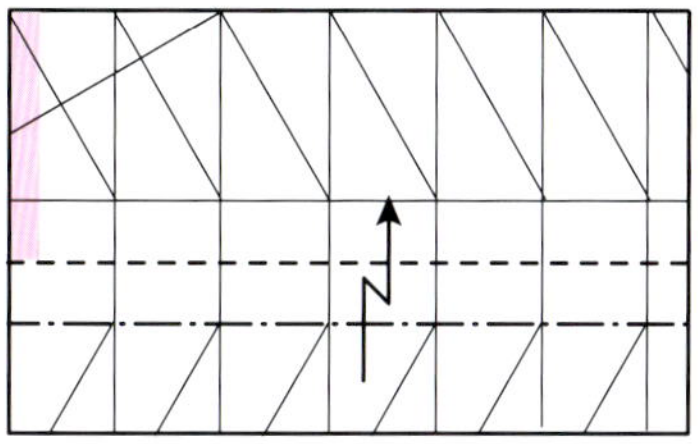

13
끝 부분을 끼워 육각의 통을 만든다.

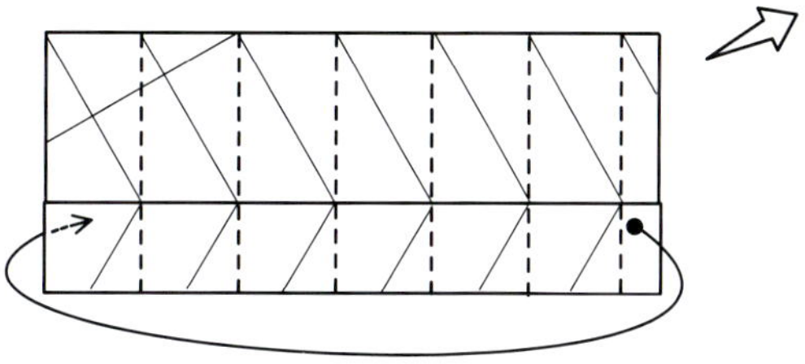

14

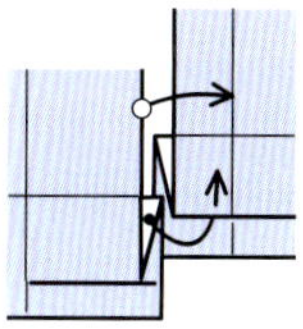

15

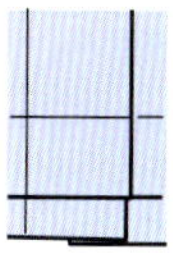

16

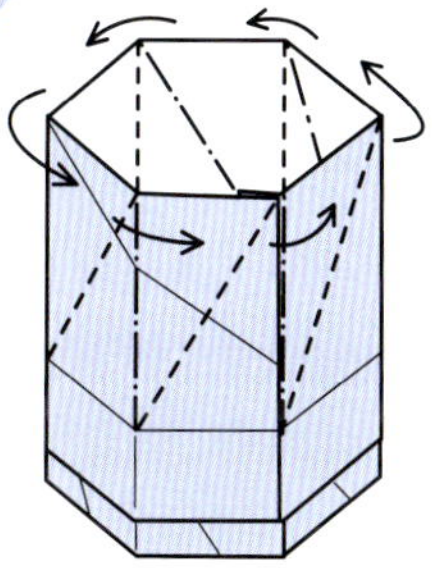

▲▼ 비틀어서 평평하게 할 때의 포인트

뚜껑이나 본체를 통으로 만들고 나서 만든 접기선을 따라 '비틀어서 중앙을 닫으며 위를 평평하게 펼치는' 접기 방법의 순서입니다. 이때 병이나 통에 씌우면 모양을 잡기 쉽습니다.

1. 주름을 중앙으로 모은다.

2. 반시계 방향으로 비틀어간다.

3. 위를 펼치면서 서서히 비틀어 중앙을 닫는다.

4. 위를 펼쳐 평평하게 한다.

5. 평평하게 한 모습.

6. 윗장을 들어 접기선이 확실히 만들어져 있는지 확인한다.

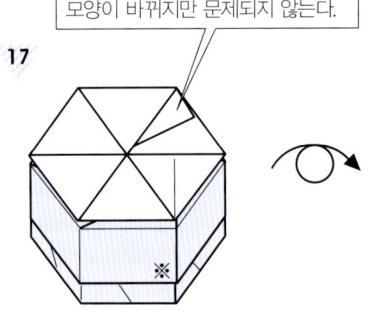

17 풀칠하는 곳의 폭에 따라 이 부분의 모양이 바뀌지만 문제되지 않는다.

※ 표시는 겹친 부분

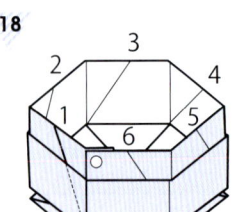

18 안쪽의 정리는 16쪽과 같다.

풀칠하는 곳(겹친 곳의 좁은 부분)부터 씌워 바닥에 포개어 간다.

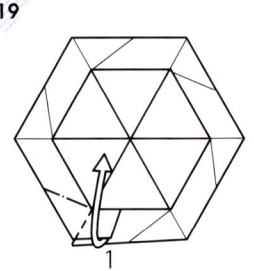

19

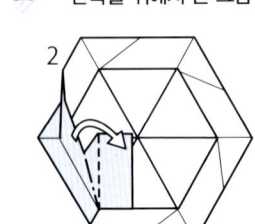

20 안쪽을 위에서 본 그림

중심을 맞춰 포개어 간다.

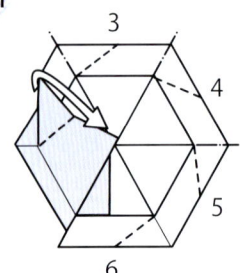

21

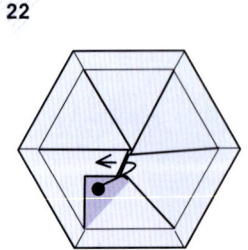

22

마지막으로 색이 짙은 부분을 안으로 끼워 넣는다.

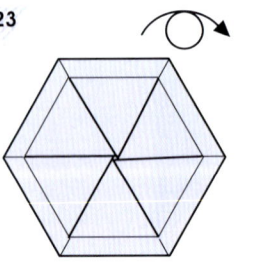

23

24 [뚜껑 기본]

※ 표시는 겹친 부분

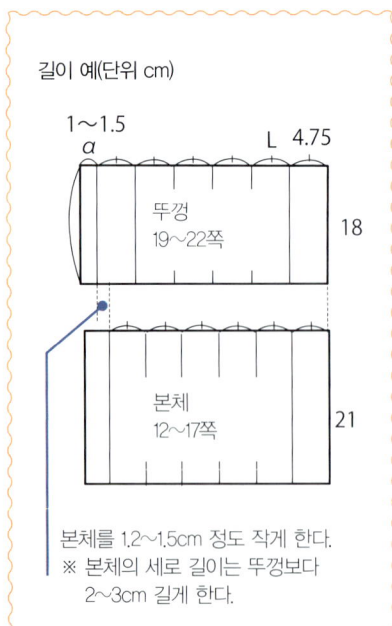

길이 예(단위 cm)

뚜껑 19~22쪽

본체 12~17쪽

본체를 1.2~1.5cm 정도 작게 한다.
※ 본체의 세로 길이는 뚜껑보다 2~3cm 길게 한다.

 ## 육각 상자 뚜껑 **손잡이(삼각)**

★★★ 뚜껑 기본부터(22쪽 24번)

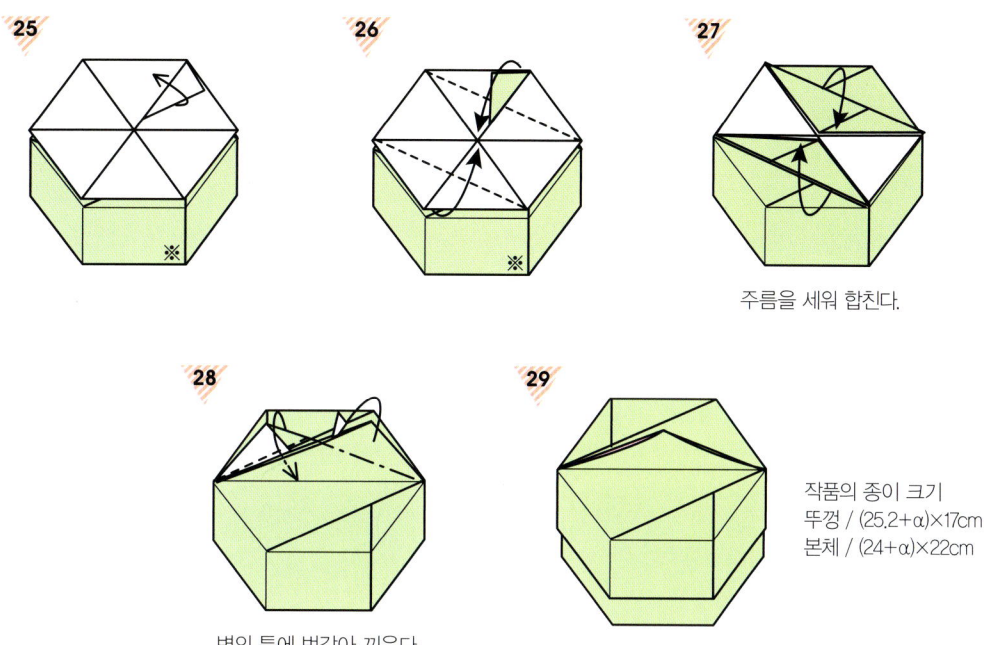

주름을 세워 합친다.

변의 틈에 번갈아 끼운다.

작품의 종이 크기
뚜껑 / (25.2+α)×17cm
본체 / (24+α)×22cm

 ## 육각 상자 뚜껑 **꽃 모양 1, 국화꽃, 뒤집힌 꽃**

[꽃 모양 1]

★★★ 21쪽 13번부터

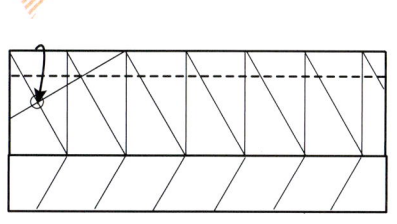

주의 : 21쪽의 12번에서 풀칠하지 않는다.

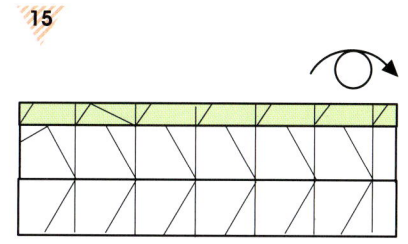

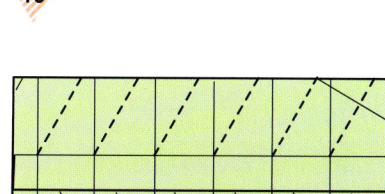

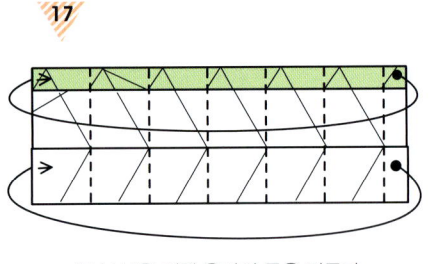
끝 부분을 끼워 육각의 통을 만든다.

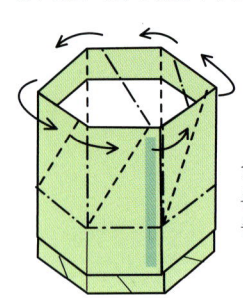
윗부분을 비틀어 평평하게 한다.

18번에서 색이 짙은 부분의 안쪽을 풀칠한다.

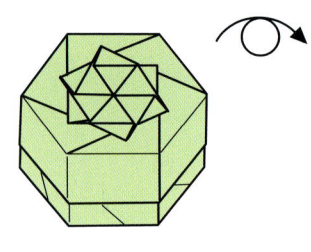

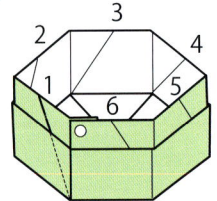
안쪽의 정리는 22쪽과 같다.

겹친 곳의 좁은 부분부터 씌워 바닥에 포개어 간다.

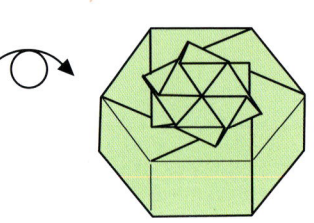

작품의 종이 크기
뚜껑 / (28.5+α)×18cm
본체 / (27+α)×20cm

[국화꽃]

★★★ [꽃 모양 1]의 21번부터

위에서 본 그림

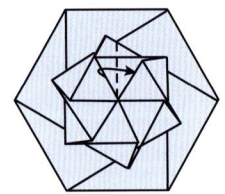
주름을 펼친다.

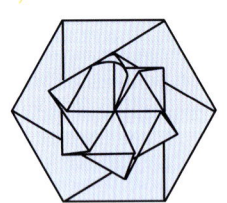
주름을 펼친 모습

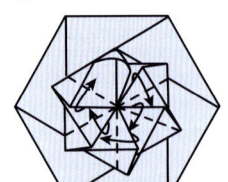
나머지 다섯 군데도 같은 방법으로 접는다.

꽃잎 모양을 정리한다.

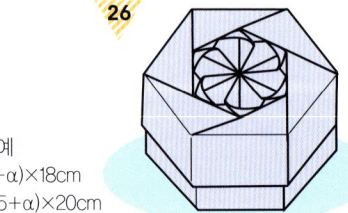

종이 크기 예
뚜껑 / (27+α)×18cm
본체 / (25.5+α)×20cm

[뒤집힌 꽃]

★★★ **23쪽 15번부터**　　※ 꽃 부분은 산접기를 한 종이의 뒷면이 나옵니다.

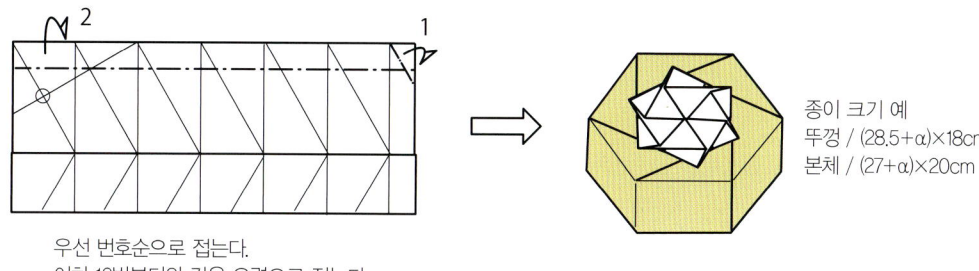

종이 크기 예
뚜껑 / (28.5+α)×18cm
본체 / (27+α)×20cm

우선 번호순으로 접는다.
이하 16번부터와 같은 요령으로 접는다.

국화꽃

상자 크기 9×6cm
뚜껑의 종이 크기 (27+α)×18cm
본체의 종이 크기 (25.5+α)×20cm
※ 본체는 육각 상자 간이 버전

꽃 모양 1

상자 크기 9.2×5.5cm

육각 상자 뚜껑 꽃 모양 2, 6장 말린 꽃잎, 3장 말린 꽃잎

[꽃 모양 2]

★★★ 21쪽 12번부터   기본 [꽃 모양 2]에서 다양하게 모양을 변형할 수 있습니다.

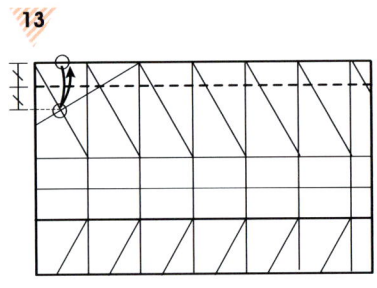

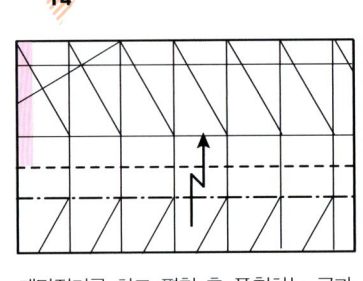

계단접기를 하고 펼친 후 풀칠하는 곳과 겹치는 부분(색칠된 부분)에 풀칠한다.

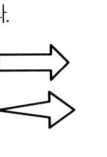

21쪽 13번부터 22쪽 24번, 뚜껑 기본까지 접는다.

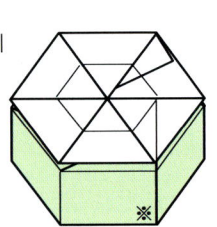

※ 표시는 겹쳐진 부분

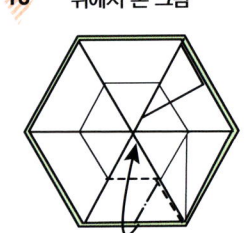

위에서 본 그림

안쪽의 한 장만 중심으로 끌어당겨 접는다.

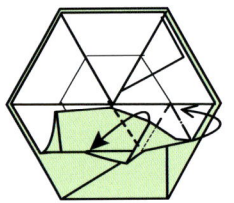

집어서 주름을 대고 접는다.

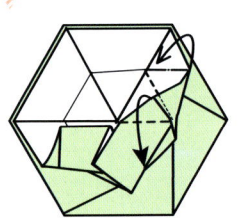

만들어져 있는 선을 따라 중앙으로 모으고 집어서 주름을 접는다.

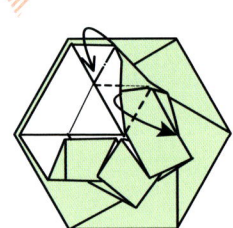

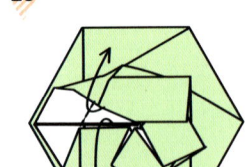

펼친다.

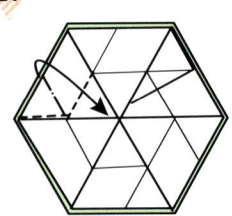

아직 접지 않은 부분을 같은 요령으로 순서대로 두 군데 접는다.

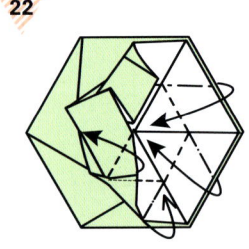

이미 만들어져 있는 접기선으로 순서대로 중앙으로 정리해 간다.

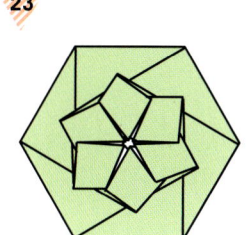
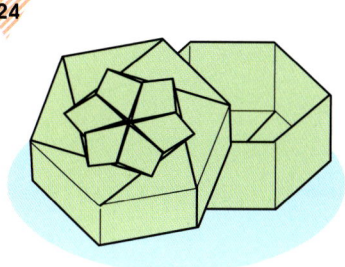

작품의 종이 크기
뚜껑 / (28.5+α)×19cm
본체 / (27.3+α)×21cm

[6장 말린 꽃잎]

★★★ [꽃 모양 2]의 23번부터

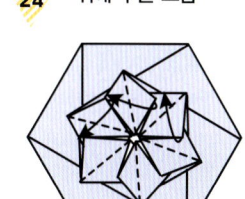
위에서 본 그림

주름을 되접는다.

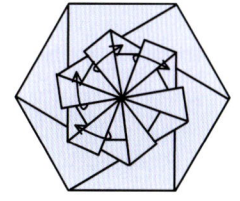

되돌린다.

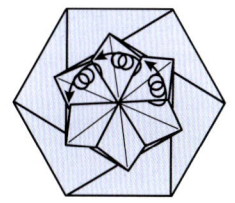

6장의 끝을 만다.

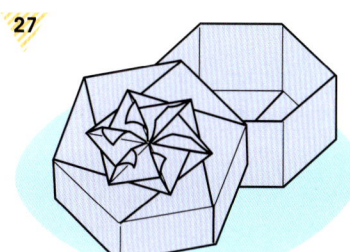

[3장 말린 꽃잎]

★★★ [꽃 모양 2]의 23번부터

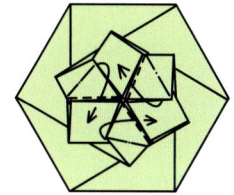
위에서 본 그림

3개의 끝을 벌려
아래로 넣는다.

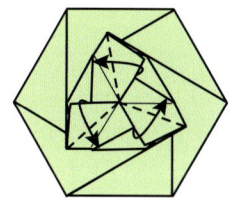

3개의 끝을 만다.

작품의 종이 크기
뚜껑 / (28.5+α)×19cm
본체 / (27.3+α)×21cm

 육각 상자 뚜껑 **단추**

[꽃 모양 2](26쪽)의 모양을 변형한 것입니다.

★★★ [꽃 모양 2] 27쪽 23번부터

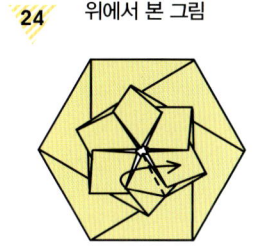

주름을 세우고 종이가 겹치는 부분에서 되접는다.

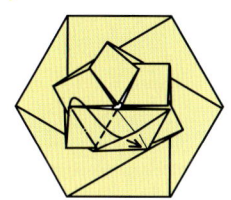

접어서 끝을 끼운다.

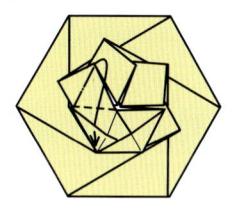

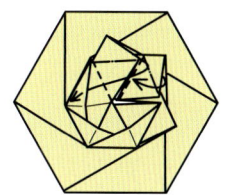

순서대로 접고 끝을 끼운다.

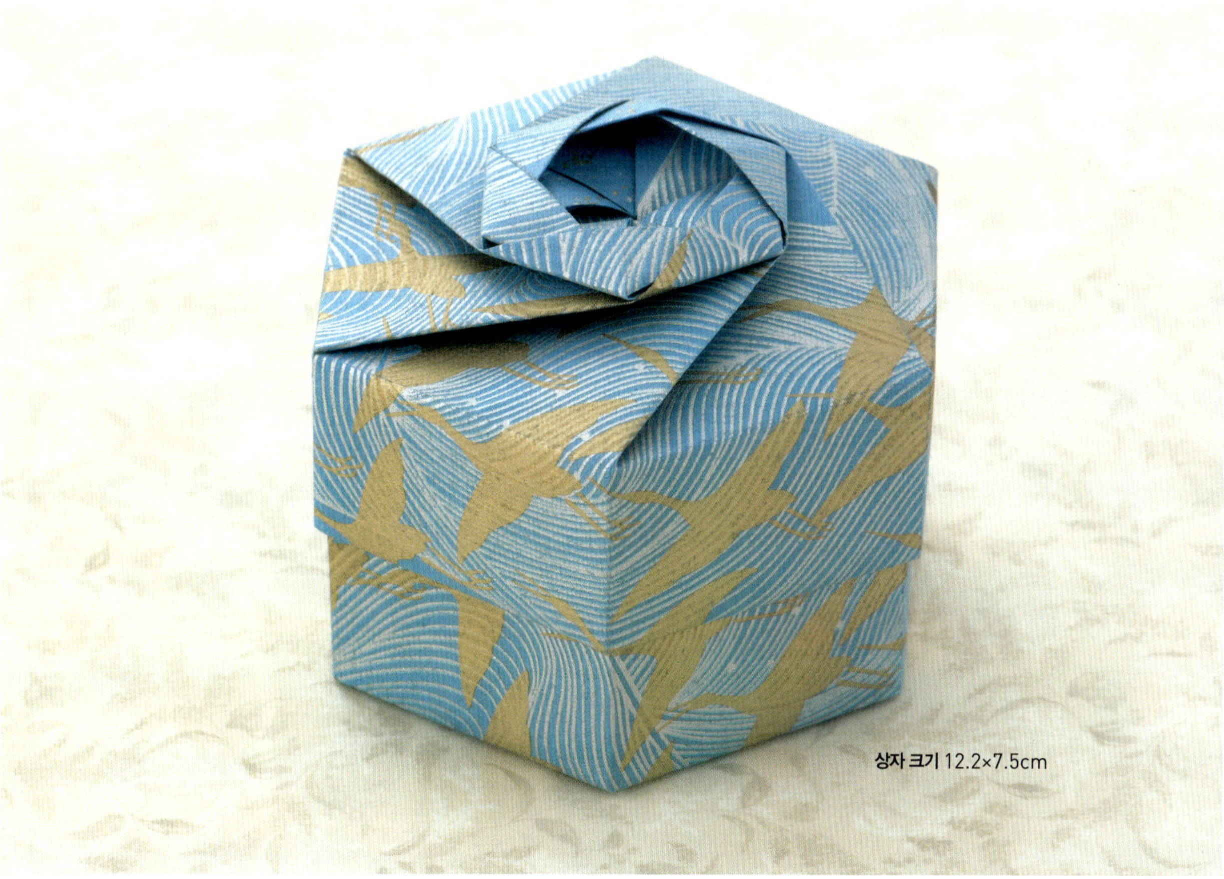

상자 크기 12.2×7.5cm

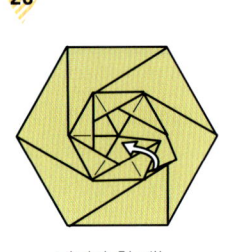
28

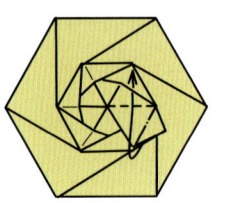
29

30

31

마지막 한 개는 아래에서 빼낸다.

접어서 끼운다.

작품의 종이 크기
뚜껑 / (37+α)×24cm
본체 / (35.5+α)×30cm

 육각 상자 뚜껑 **소용돌이**

★★★ 뚜껑 기본부터(22쪽 24번)

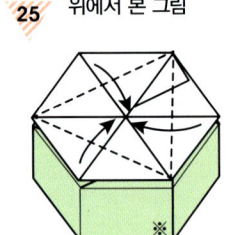
25 위에서 본 그림

※ 표시는 겹쳐진 부분

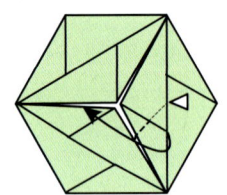
26

△ 표시에서 접는다.

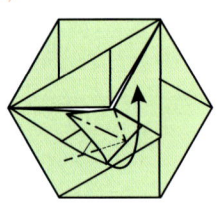
27

모서리를 잡고 위로 접어 올린다.

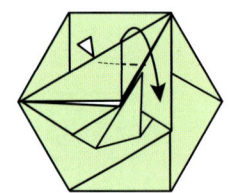
28

△ 표시에서 접는다.

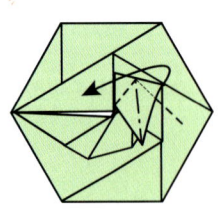
29

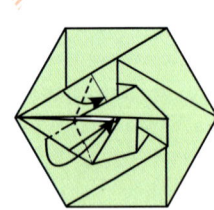
30

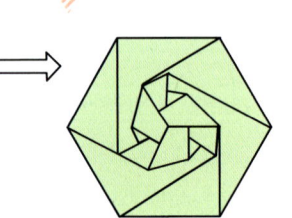
31

세 번째도 같은 방법으로 접고 끝을 끼운다.

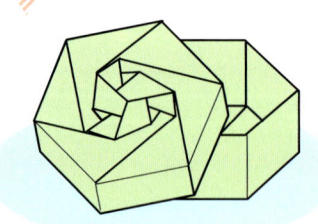
32

작품의 종이 크기
뚜껑 / (37+α)×24cm
본체 / (35.5+α)×28cm

상자 크기 11×7cm

* 31 *
육각형 상자

육각 상자 뚜껑 **겹꽃, 잎**

★★★ 21쪽 12번부터

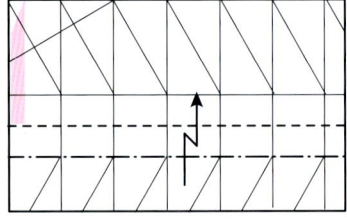

13

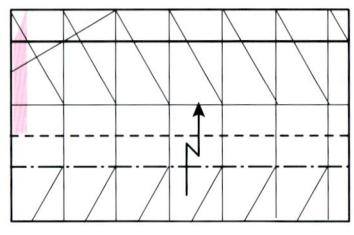

14

계단접기를 하고 펼친 후 풀칠하는 곳과 겹치는 부분(색칠된 부분)에 풀칠한다.

 21쪽 13번부터 22쪽 24번, 뚜껑 기본까지 접는다.

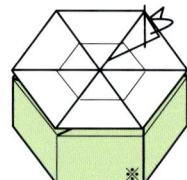

15

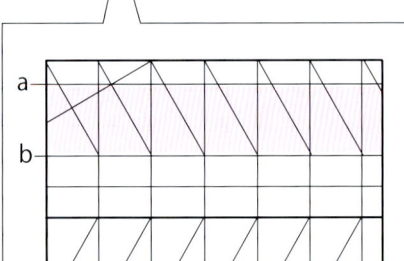

a보다 수mm 아래, b보다 수mm 위이면 (색이 칠해진 범위) 어디에서 접어도 상관 없다. b에 가까워질수록 중앙의 종이 뒷면이 나오는 부분이 커진다.

[겹꽃]

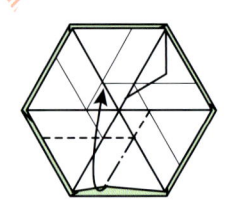

16

14번에서 만든 선을 따라 주름을 모아 접는다.

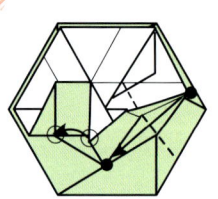

17

만들어져 있는 선을 따라 중앙으로 모아 접는다.

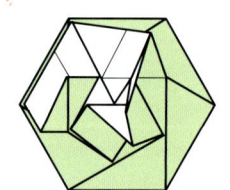

18

펼친다.

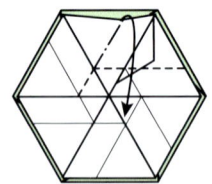

19

아직 접기선을 만들지 않은 부분을 같은 요령으로 순서대로 네 군데를 접고 펼친다.

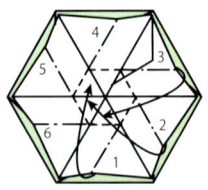

20

만든 접기선을 따라 주름을 중앙으로 모아 시계 방향으로 비틀고 위를 평평하게 한다(마지막 주름은 안으로 접어 넣는다).

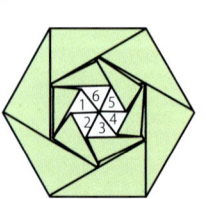

21

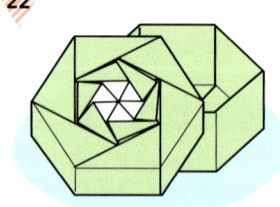

22

작품의 종이 크기
뚜껑 / (35.1+α)×23cm
본체 / (33.6+α)×26cm

[잎]

★★★ [겹꽃] 21번부터

22 위에서 본 그림

하나 걸러 하나씩 주름을 접는다.

23

펼쳐 접는다.

24

주름을 다시 접는다.

25

접어 끼운다.

나머지 세 군데도 23, 24번과 같은 방법으로 접는다.

26

27

작품의 종이 크기
뚜껑 / (35.1+α)×23cm
본체 / (33.6+α)×26cm

상자 크기 11.5×6cm

상자 크기 11.5×6cm

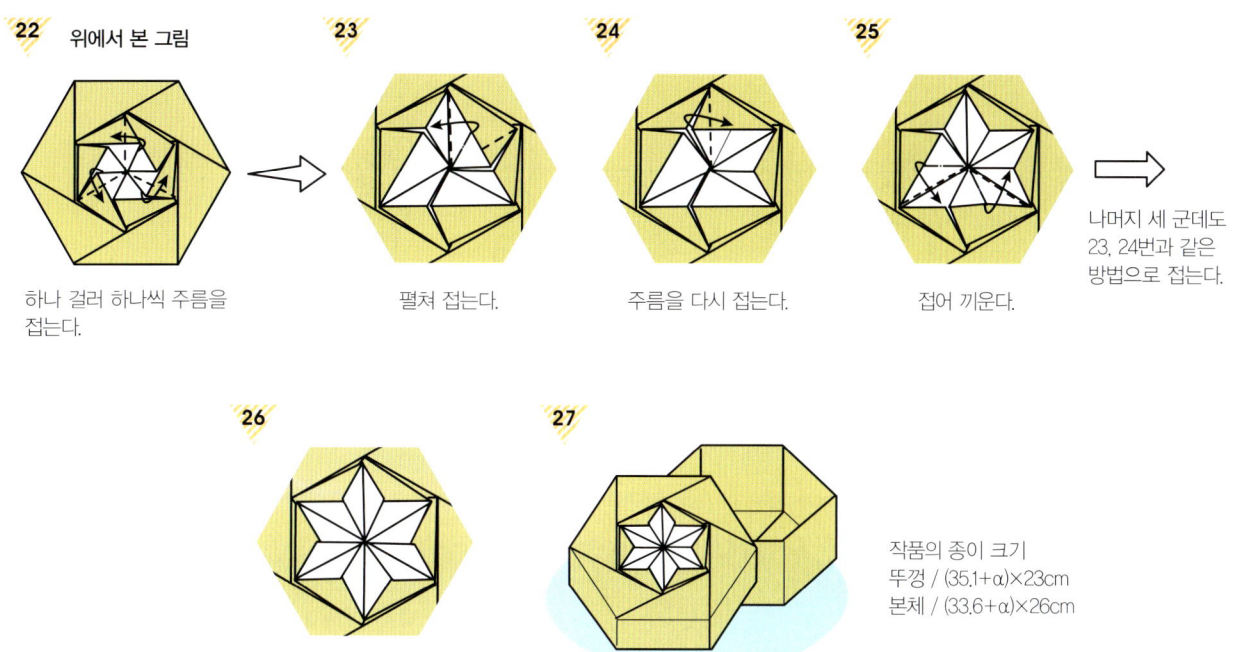

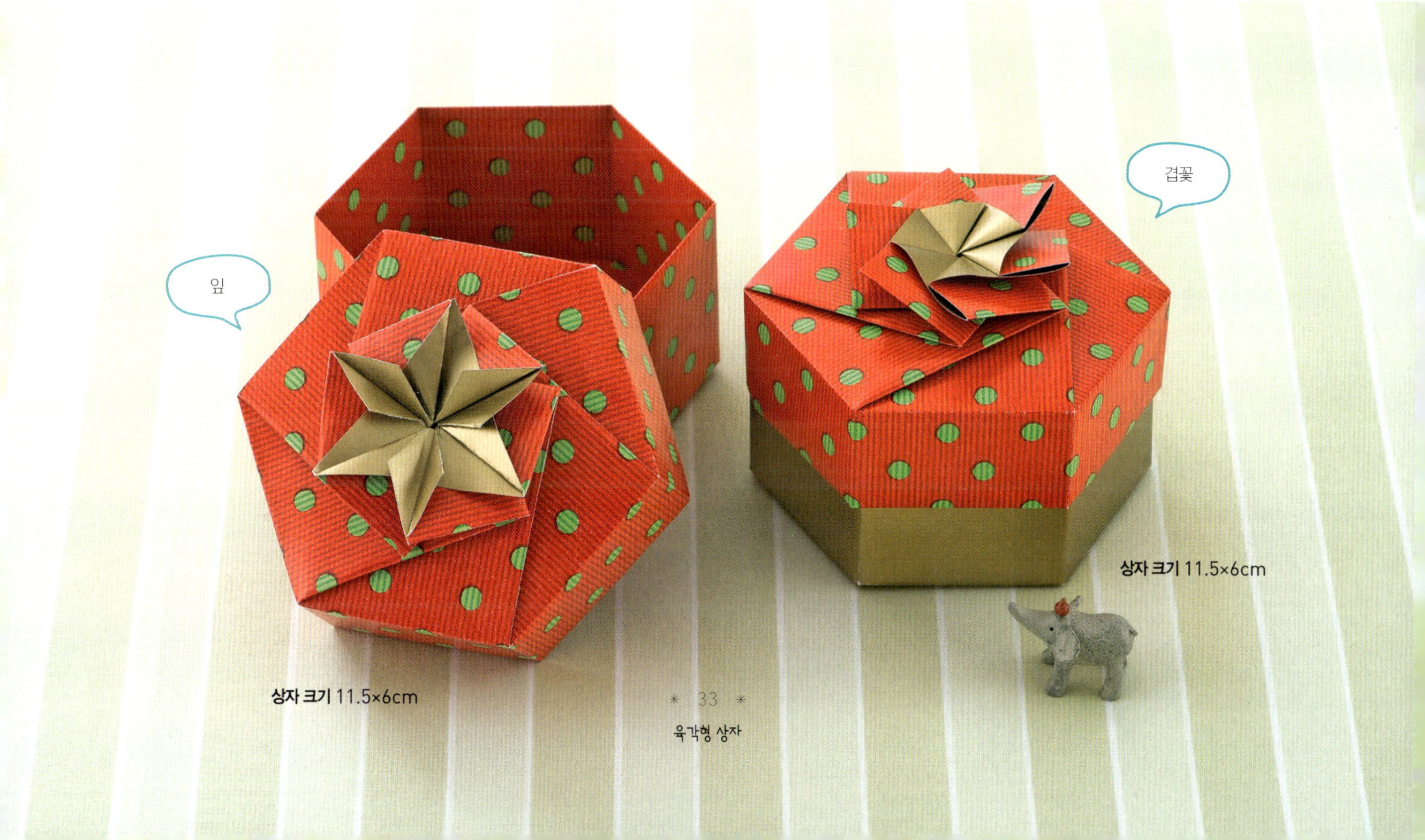

 육각 상자 뚜껑 **회전목마, 연령초**

[회전목마]

★★★ 뚜껑 기본부터(22쪽 24번)

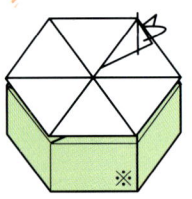
끝 부분을 안으로 접어 넣는다.

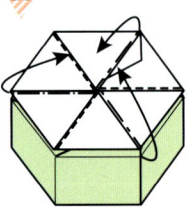
세 개의 모서리를 들어 올려 중앙으로 세운다.

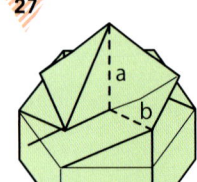
a와 b의 선을 각각 세 개 만든다.

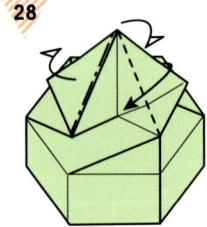
주름을 접는다. 끝을 안이나 밖으로 말아도 좋다.

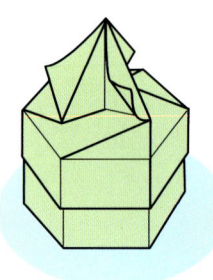

작품의 종이 크기
뚜껑 / (28.5+α)×18cm
본체 / (27.2+α)×25cm

[연령초]

★★★ 뚜껑 기본부터(22쪽 24번)

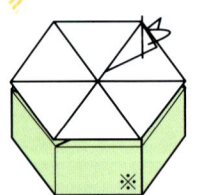
끝 부분을 안으로 접어 넣는다.

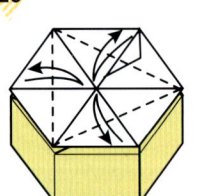

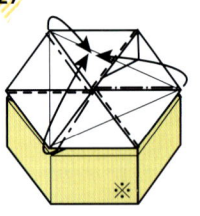
세 개의 모서리를 들어 올려 중앙에 세운다.

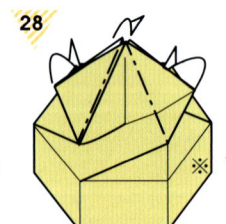
안으로 접어 넣는다.

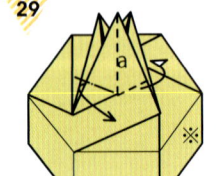
a의 선을 3개 확실히 만들고 반시계 방향으로 펼친다.

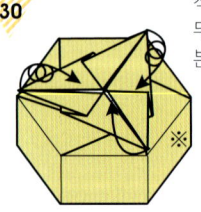
꽃잎을 들어올려 말고 모양을 다듬는다.

작품의 종이 크기
뚜껑 / (28.5+α)×18cm
본체 / (27.2+α)×21cm

회전목마

상자 크기 9.3×4.4cm

상자 크기 9.3×6.8cm

연령초

* 35 *
육각형 상자

육각 상자 뚜껑 **꽃부리, 꽃봉오리, 롤 꽃**

접기선을 접는 방법과 마지막의 정리하는 방법을 달리하면 세 가지의 화려한 뚜껑을 만들 수 있습니다.

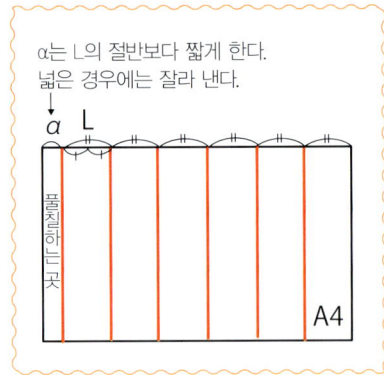

왼쪽 그림과 같이 풀칠하는 곳의 폭에 주의하고, 뚜껑 기본 21쪽 11번까지 접는다(단 위아래가 반대).

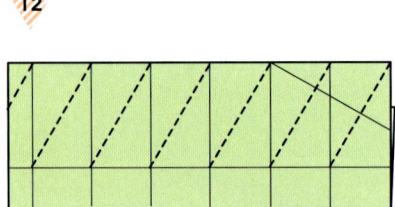

위아래 함께 접기선을 만들고 펼친다.

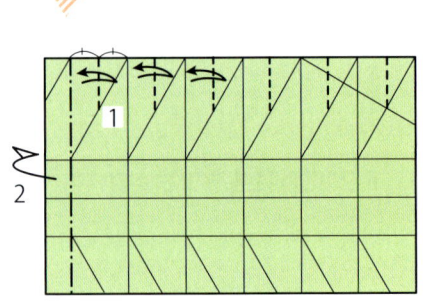

계곡선을 만들고 옆부분을 접는다.

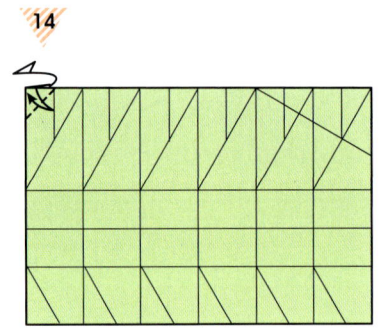

접기선을 만들고 펼친다.

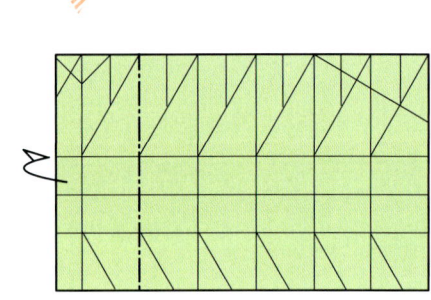

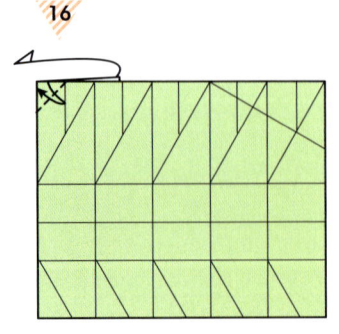

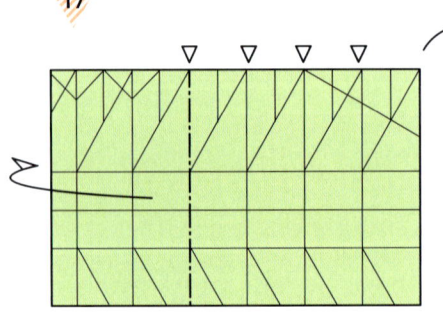

▽ 표시가 되어 있는 나머지 네 군데를 13, 14번과 같은 방법으로 접는다.

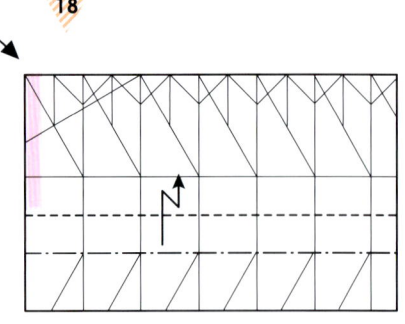

계단접기를 하고 펼친 후 풀칠하는 곳과 겹치는 부분(색칠된 부분)에 풀칠한다.

상자 크기 10×5.4cm

[꽃부리]

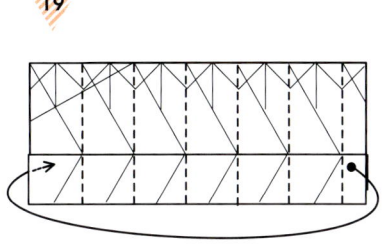

끝을 끼워 육각의 통을 만든다.

이하. 뚜껑 기본 22쪽 24번까지 접는다.

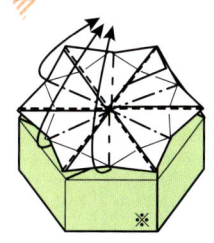

6개의 모서리를 모아 중앙으로 세운다.

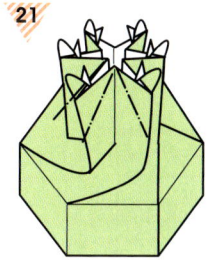

안으로 접어 넣는다.

꽃잎을 만다.

작품의 종이 크기
뚜껑 / (30+α)×18cm
본체 / (28.5+α)×23cm

[꽃봉오리]

★★★ [꽃부리] 20번부터

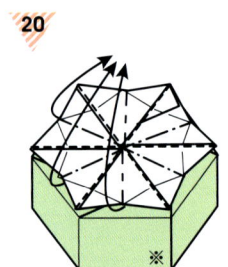

20

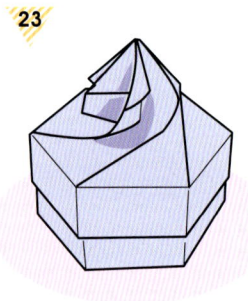

21 6개의 끝을 접어 고정시킨다.

22 비튼다.

23 작품의 종이 크기
뚜껑 / (28.8+α)×19cm
본체 / (27.5+α)×22cm

[롤 꽃]

★★★ 36쪽 13번부터

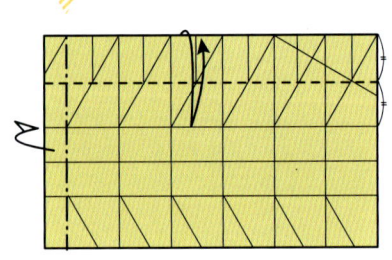

14 그림과 같이 접기선을 만든다.

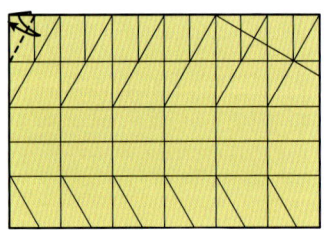

15 접기선을 만들었으면 펼친다.

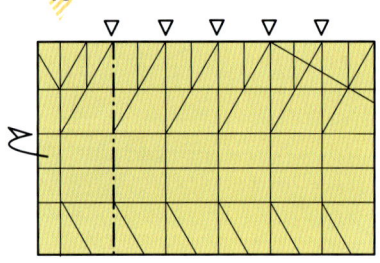

16 ▽ 표시의 나머지 다섯 군데에 15, 16번과 같은 방법으로 접기선을 만든다.

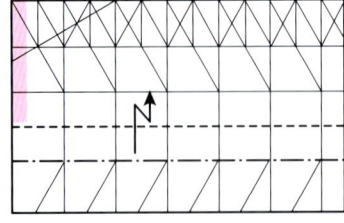

17 계단접기를 하고 펼친 후 풀칠하는 곳과 겹치는 부분(색칠된 부분)에 풀칠한다. 이하 37쪽 [꽃부리]의 20번까지 접는다.

18

19 6개의 주름을 만다.

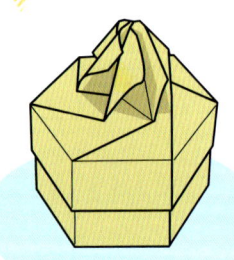

20 작품의 종이 크기
뚜껑 / (30+α)×20cm
본체 / (28.5+α)×25cm

상자 크기 9.6×5.3cm

꽃봉오리

롤 꽃

상자 크기 10×6.5cm

육각형 상자

올록볼록 육각 상자 뚜껑 세 개의 산, 오목한 세 개의 산

상자의 뚜껑에 올록볼록한 삼각이 생깁니다.

기본선과 길이 예(단위 cm)

α는 L의 절반보다 짧게 한다.
넓은 경우에는 잘라 낸다.

12
L×3 정도

※ 본체(12〜16쪽)는 가로를 1.2〜1.5cm 정도 짧게 한다. 높이를 2cm 이상 길게 한다.

[세 개의 산]

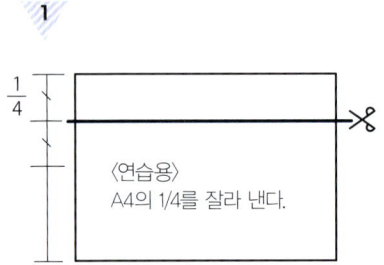

1 〈연습용〉 A4의 1/4를 잘라 낸다.

풀칠하는 곳(α)으로 1.5cm 정도 끝을 접는다.

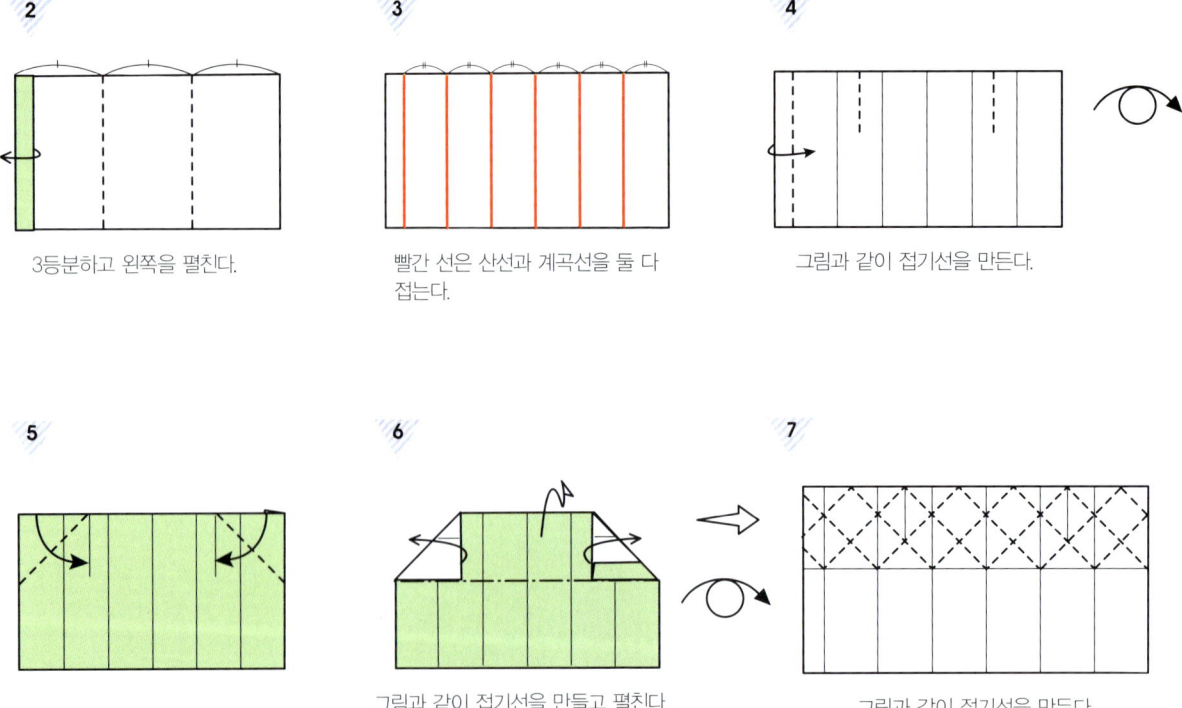

2 3등분하고 왼쪽을 펼친다.

3 빨간 선은 산선과 계곡선을 둘 다 접는다.

4 그림과 같이 접기선을 만든다.

5

6 그림과 같이 접기선을 만들고 펼친다.

7 그림과 같이 접기선을 만든다.

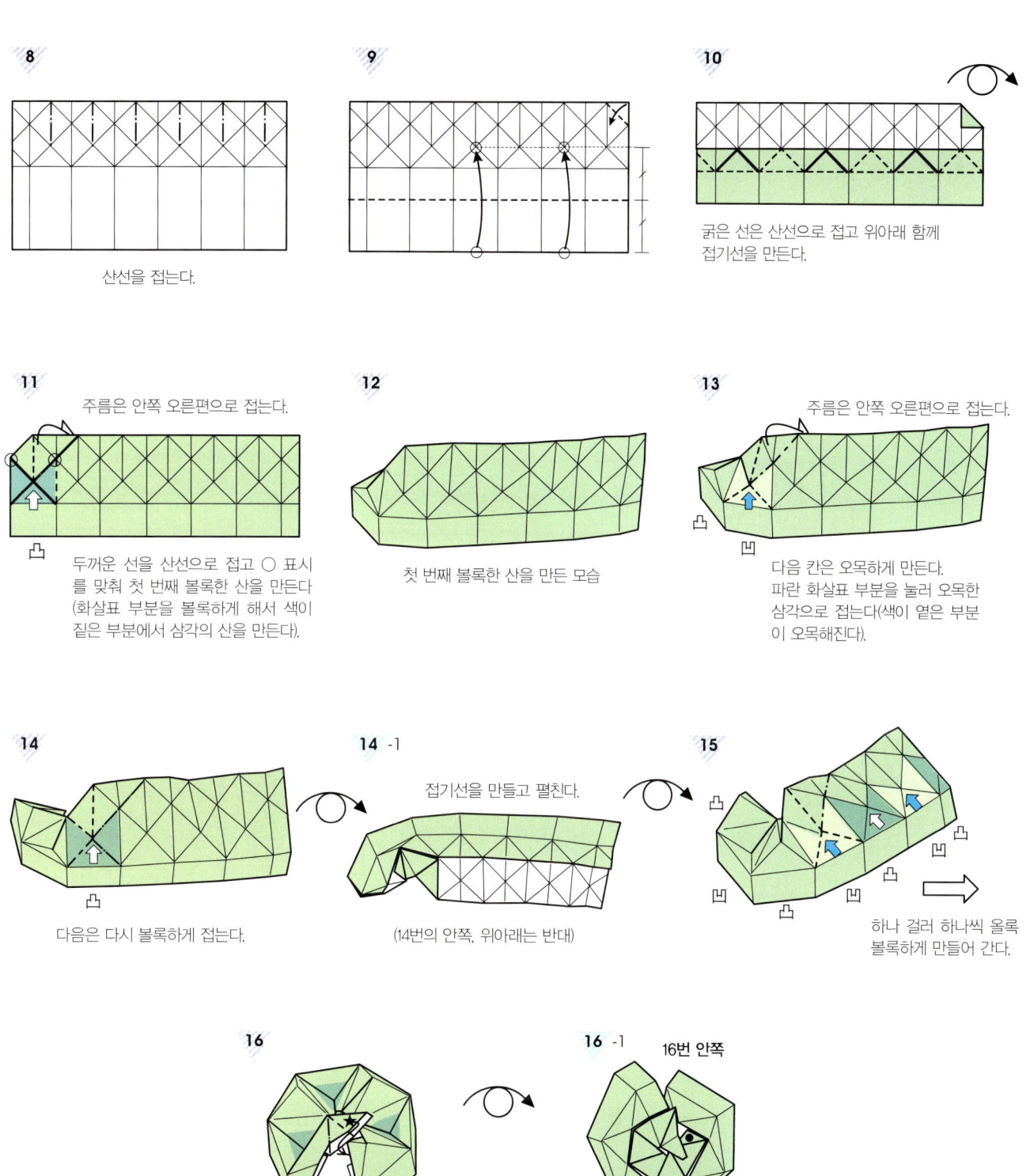

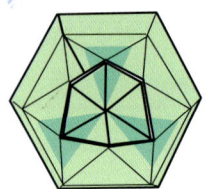 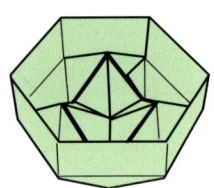 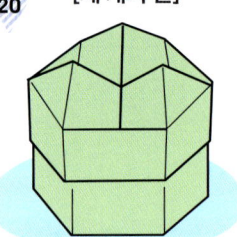

17 **18** 위치 변경 **19** **20** [세 개의 산]

종이의 크기 예
뚜껑 / (30+α)×18cm
본체 / (28.5+α)×23cm

▲▼ 세 개의 산을 접는 포인트

1. 첫 번째 볼록한 삼각을 만든다.

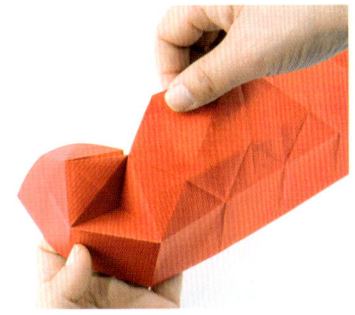

2. 첫 번째 오목한 삼각을 만든다.

3. 2번을 안쪽에서 본 모습

4. 두 번째 볼록한 삼각을 만든다.

5. 전부 올록볼록하게 만든 모습
(41쪽 따라하기 16번)

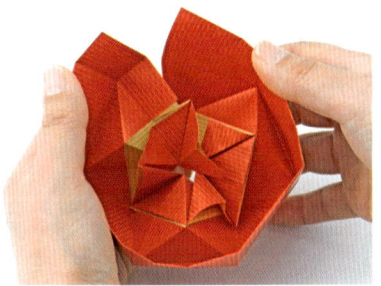

6. 5번을 안쪽에서 본 모습
(41쪽 따라하기 16번)

7. 마지막으로 끼워 넣어 씌운 모습

8. 안쪽에서 풀칠하는 부분을 끼운다.

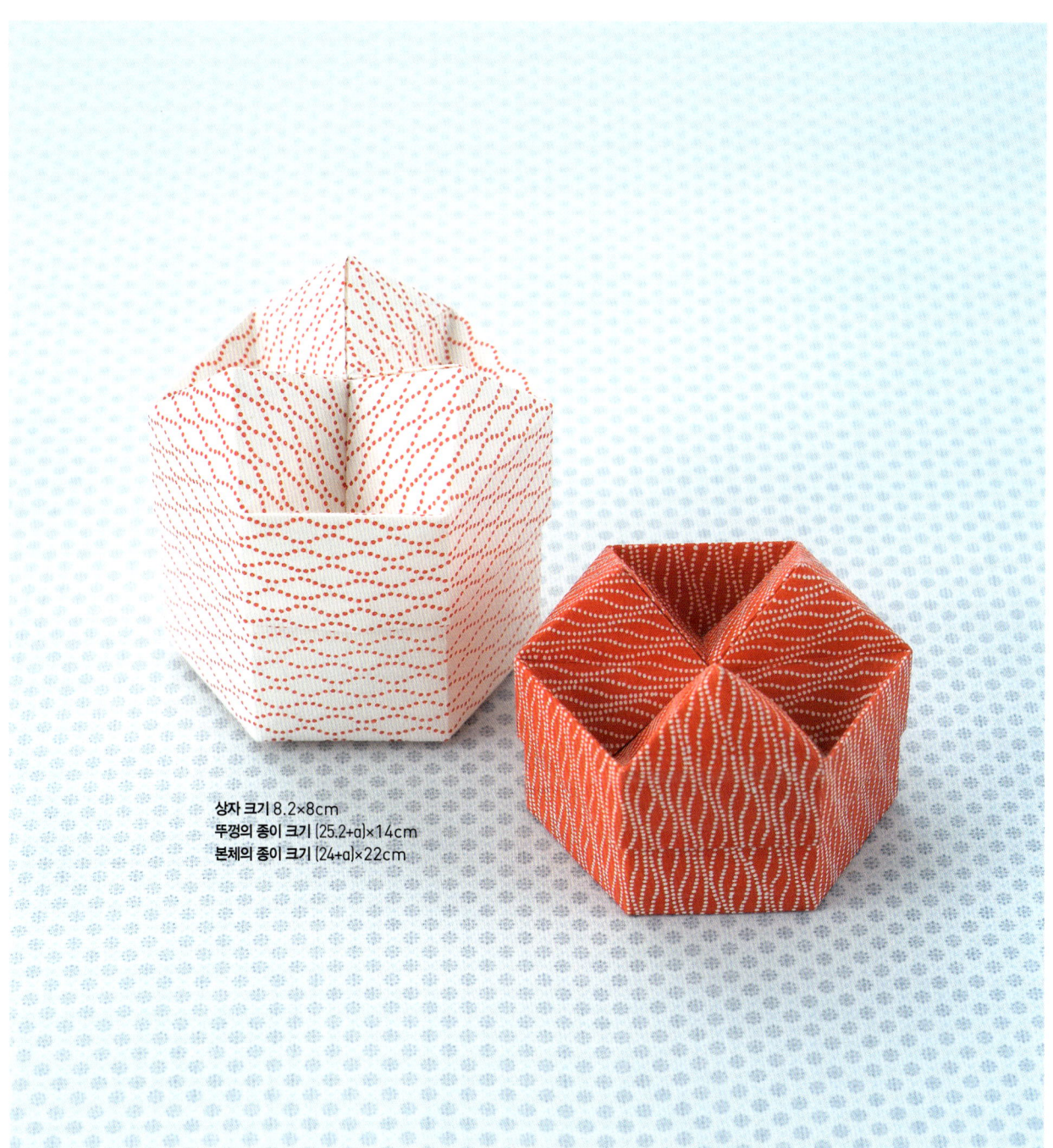

상자 크기 8.2×8cm
뚜껑의 종이 크기 (25.2+a)×14cm
본체의 종이 크기 (24+a)×22cm

육각형 상자

[오목한 세 개의 산]

[세 개의 산]을 안쪽에서 조금 바꿔 접습니다.

★★★ [세 개의 산] 18번부터

18번을 좀 더 위에서 본 그림

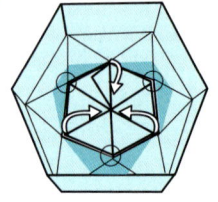
18

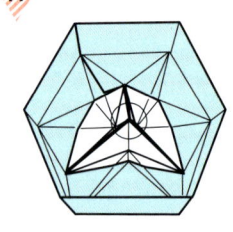
18 -1

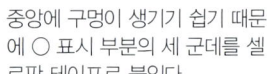
볼록해진 세 개의 모서리를 벗기듯 중앙으로 모아 합친다.

○ 표시가 오목한 부분

19

중앙에 구멍이 생기기 쉽기 때문에 ○ 표시 부분의 세 군데를 셀로판 테이프로 붙인다.

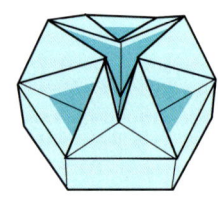
20

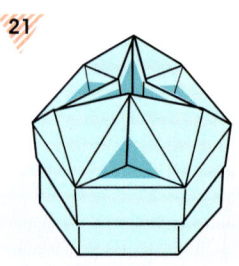
21

종이 크기 예
뚜껑 / (30+α)×17cm
본체 / (28.5+α)×21cm

상자 크기 8×9.3cm
뚜껑의 종이 크기 (24+α)×12.5cm
본체의 종이 크기 (22.8+α)×21cm
※ 본체는 육각 상자 같이 버전

 올록볼록 육각 상자 뚜껑 **오목한 삼각 지붕, 볼록한 삼각 지붕**

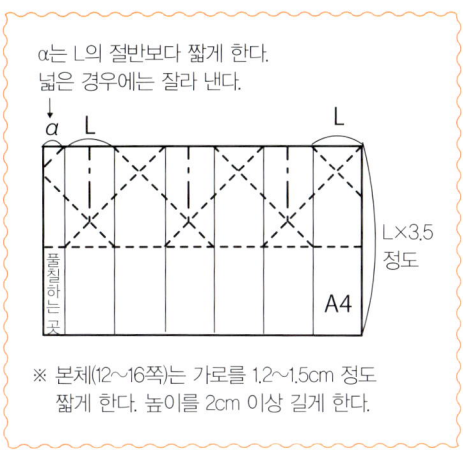

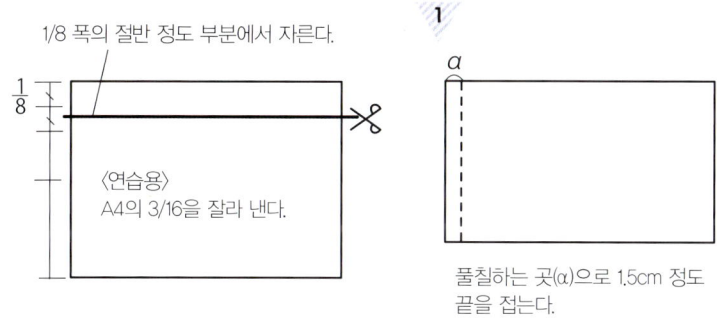

1

풀칠하는 곳(α)으로 1.5cm 정도 끝을 접는다.

2

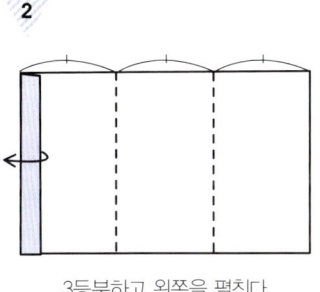

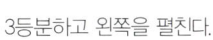

3등분하고 왼쪽을 펼친다.

3

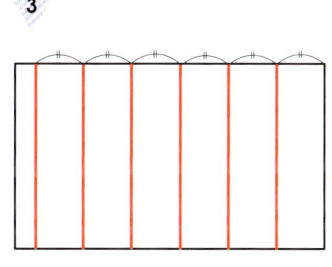

빨간 선은 산선과 계곡선을 둘 다 접는다.

4

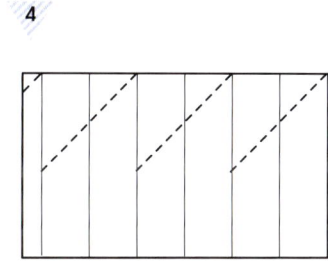

그림과 같이 접기선을 만든다.

5 6 7

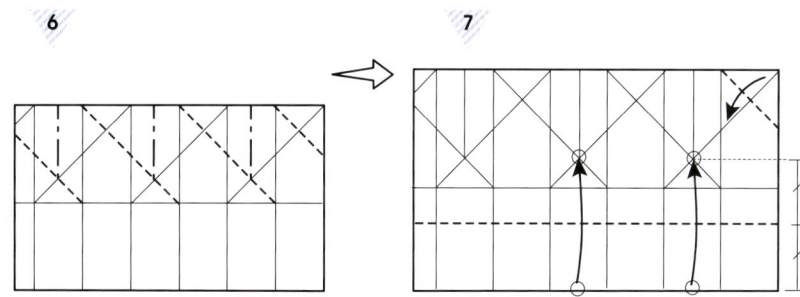

* 45 *
육각형 상자

[오목한 삼각 지붕]

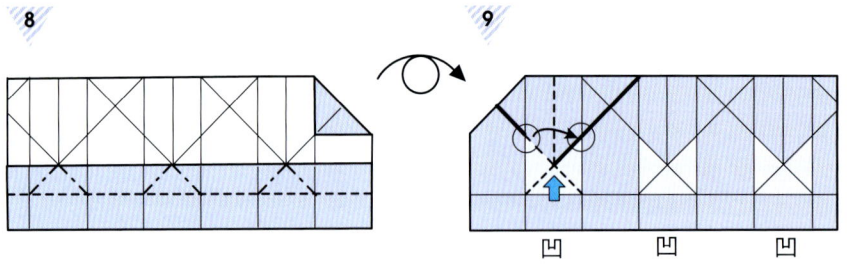

두꺼운 선을 산선으로 접고 ○ 표시를 맞춘 후 주름을 안쪽 오른편으로 접어 오목하게 만든다(파란색 화살표 부분을 오목하게 해서 색이 옅은 부분을 오목한 삼각으로 만든다).

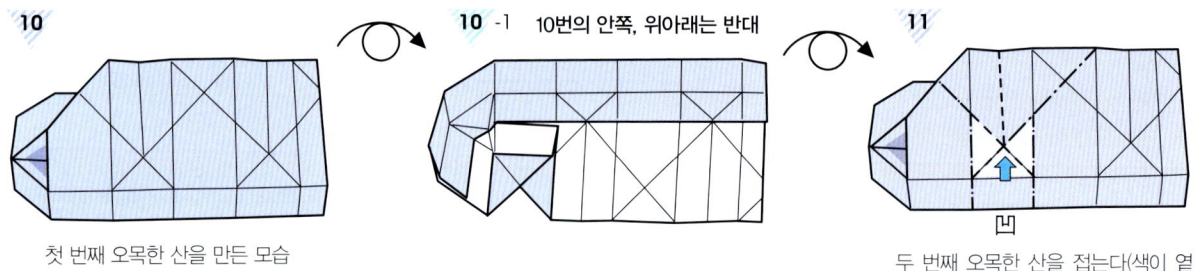

첫 번째 오목한 산을 만든 모습

두 번째 오목한 산을 접는다(색이 옅은 부분이 오목해진다).

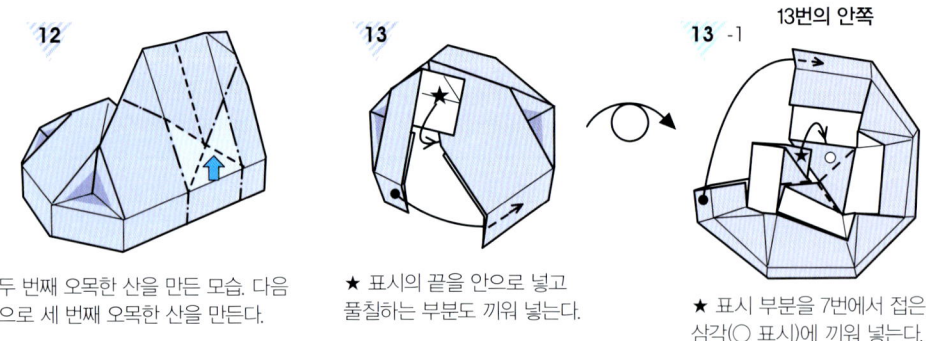

두 번째 오목한 산을 만든 모습. 다음으로 세 번째 오목한 산을 만든다.

★ 표시의 끝을 안으로 넣고 풀칠하는 부분도 끼워 넣는다.

★ 표시 부분을 7번에서 접은 삼각(○ 표시)에 끼워 넣는다.

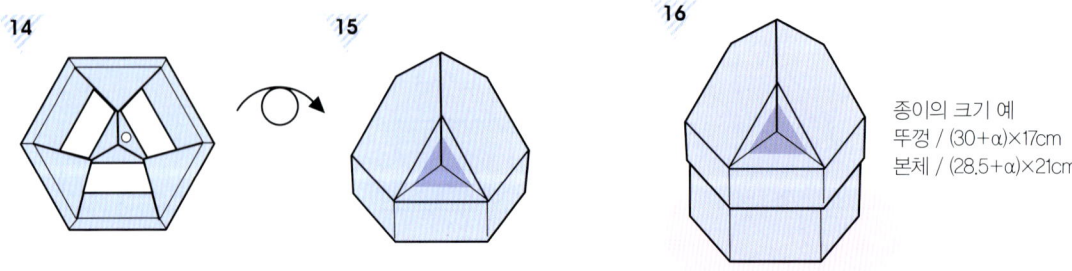

종이의 크기 예
뚜껑 / (30+α)×17cm
본체 / (28.5+α)×21cm

[볼록한 삼각 지붕]

[오목한 삼각 지붕]에서 오목하게 한 부분을 볼록하게 만듭니다.
올록볼록하게 접는 포인트에 대한 상세 설명은 48쪽을 참고해 주세요.

★★★ [오목한 삼각 지붕]의 8번부터

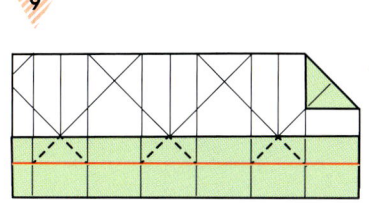

그림과 같이 접기선을 만든다.
빨간 선은 산선과 계곡선을 둘 다 접는다.

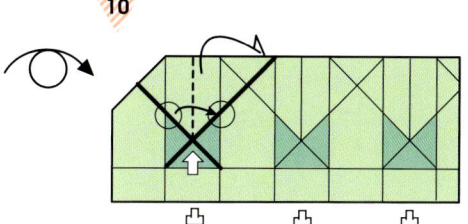

굵은 선을 산선으로 접고 ○ 표시를 맞춰 첫 번째 볼록한 산을 만든다(흰색 화살표 부분을 볼록하게 해서 색이 짙은 부분에서 삼각의 산을 만든다).

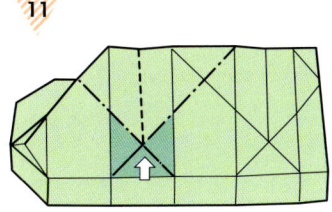

첫 번째 볼록한 산을 만든 모습.
나머지 두 개도 볼록하게 접는다.

마지막으로 정리하는 방법은 [오목한 삼각 지붕]의 13, 14번과 같다.

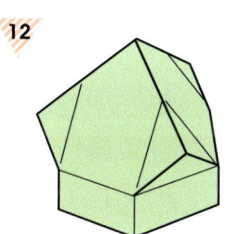

종이의 크기 예
뚜껑 / (31+α)×13cm
본체 / (30+α)×23cm

상자 크기 7.8×10.2cm

육각형 상자

▲▼ 올록볼록하게 만드는 포인트

상자 뚜껑의 측면 삼각 부분을 볼록하게 할 것인지 오목하게 할 것인지에 따라 완성물이 달라집니다.
여기에서는 접는 방법의 포인트를 [삼각 지붕](45~47쪽)을 예로 사진과 함께 설명하도록 하겠습니다.

오목하게 접기

[오목한 삼각 지붕](46쪽)

주름을 안쪽의 오른편으로 접는다.

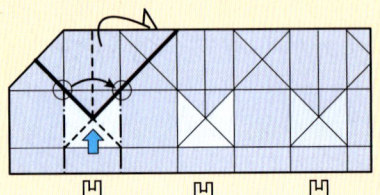

두꺼운 선을 산선으로 접어 ○ 표시를 맞추고 주름을 안쪽 오른편으로 접어 뚜껑의 측면에 오목한 산을 만든다(파란색 화살표 부분을 오목하게 해서 색이 옅은 부분에 움푹 파인 삼각을 만든다).

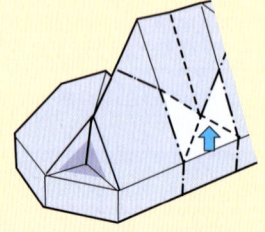

1. 오목해지도록 산선을 맞춰 주름을 안쪽 오른편으로 접는다.

2. 오목하게 만든다.

3. 2번의 안쪽 모습

볼록하게 접기

[볼록한 삼각 지붕](47쪽)

주름을 안쪽 오른편으로 접는다.

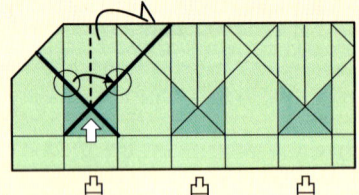

두꺼운 선을 산선으로 접어 ○ 표시를 맞추고 주름을 안쪽 오른편으로 접어 뚜껑의 측면에 볼록한 산을 만든다(흰색 화살표 부분을 볼록하게 해서 색이 짙은 부분을 삼각의 산으로 만든다).

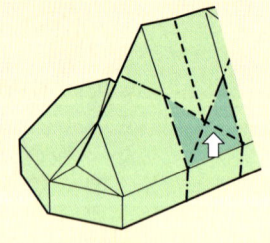

1. 볼록해지도록 산선을 맞추고 주름을 안쪽 오른편으로 접는다.

2. 볼록하게 만든다.

3. 2번의 안쪽 모습

 # 올록볼록 육각 상자 뚜껑 **오목한 뚜껑, 볼록한 뚜껑**

[오목한 삼각 지붕], [볼록한 삼각 지붕]의 뚜껑 끝의 뾰족한 부분을 안으로 밀어 넣은 모양입니다.

★★★ [오목한 삼각 지붕] 46쪽 8번부터

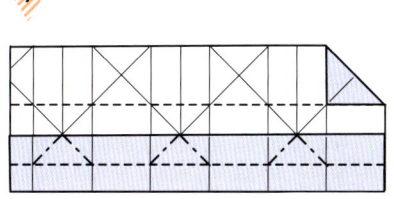

9

그림과 같이 접기선을 만든다.

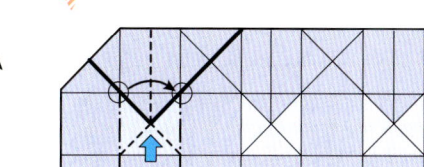

10

두꺼운 선을 산선으로 접어 ○ 표시를 맞추고 주름을 안쪽 오른편으로 접어 하나의 오목한 산을 만든다(파란색 화살표 부분을 오목하게 해서 색이 옅은 부분에 오목한 삼각을 만든다).

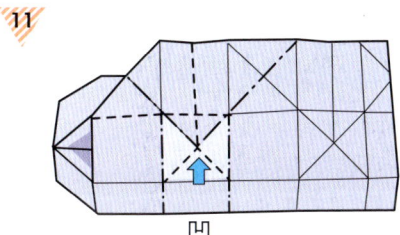

11

첫 번째 오목을 만든 모습.
주름을 안쪽 오른편으로 접으면서 나머지 두 개를 순서대로 오목하게 접는다.

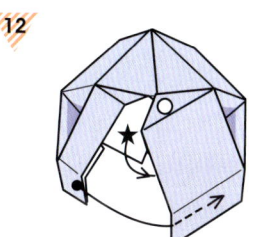

12

마지막으로 정리하는 법은 [오목한 삼각 지붕] 46쪽의 13, 14번과 같다. 단, 오목한 부분이 빡빡해지기 때문에 12번의 ○ 표시 부분은 그 상태로 겹치기만 하면 된다.

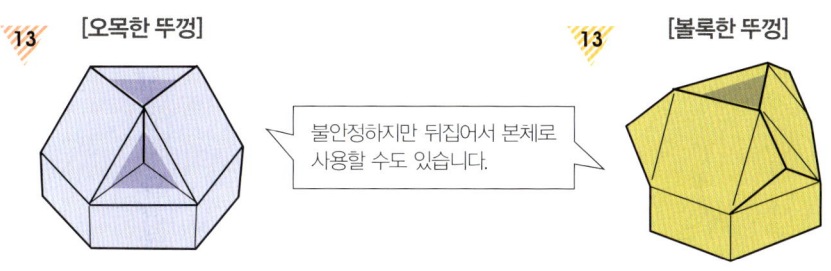

13 [오목한 뚜껑]

불안정하지만 뒤집어서 본체로 사용할 수도 있습니다.

작품의 종이 크기
뚜껑 / (28.5+α)×17cm
본체 / (27+α)×21cm

13 [볼록한 뚜껑]

그림으로 설명하진 않았지만 측면의 삼각을 볼록하게 만들 수도 있습니다. 47쪽 [볼록한 삼각 지붕]을 참고해 주세요.

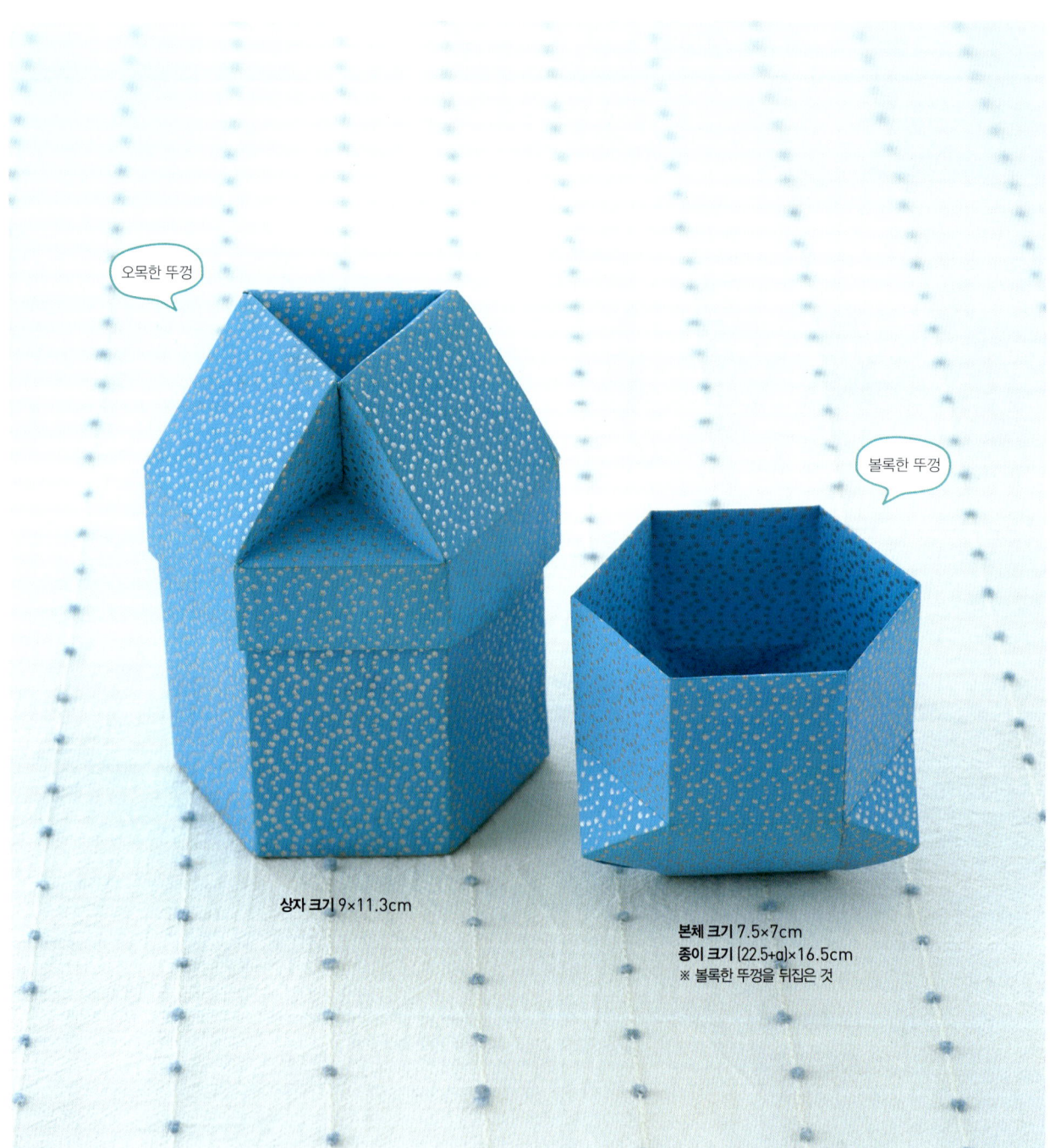

올록볼록한 육각형 상자들

오목한 세 개의 산

오목한 세 개의 산

세 개의 산

상자 크기 8.5×7.5cm
뚜껑의 종이 크기 (25+a)×13.5cm
본체의 종이 크기 (24+a)×21cm

오목한 삼각 지붕

볼록한 삼각 지붕

오목한 삼각 지붕

상자 크기 7.2×9.8cm
뚜껑의 종이 크기 (22.5+a)×13cm
본체의 종이 크기 (21.5+a)×19.5cm

상자 크기 6.6×9.3cm
뚜껑의 종이 크기 (20.4+a)×12.5cm
본체의 종이 크기 (19.4+a)×18cm

올록볼록 육각 상자 뚜껑 **더블 버블**

뚜껑의 중심 부분이 갈라지고 움푹 파이면서 여섯 개의 볼록한 삼각이 생깁니다.

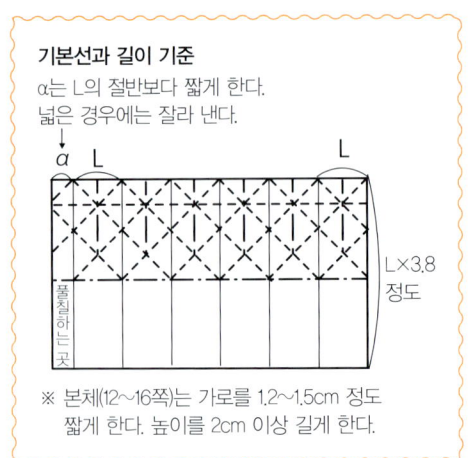

기본선과 길이 기준
α는 L의 절반보다 짧게 한다.
넓은 경우에는 잘라 낸다.

L×3.8 정도

※ 본체(12~16쪽)는 가로를 1.2~1.5cm 정도 짧게 한다. 높이를 2cm 이상 길게 한다.

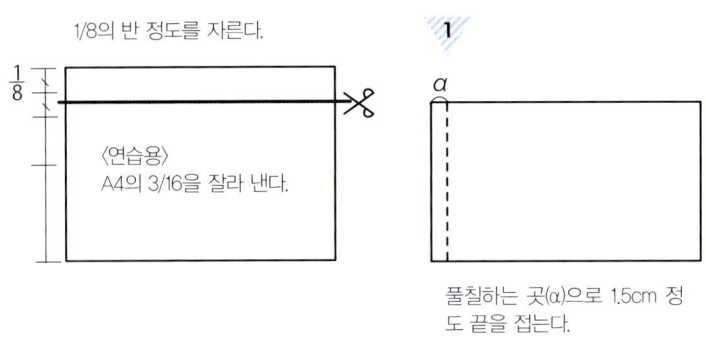

1/8의 반 정도를 자른다.

〈연습용〉
A4의 3/16을 잘라 낸다.

1
풀칠하는 곳(α)으로 1.5cm 정도 끝을 접는다.

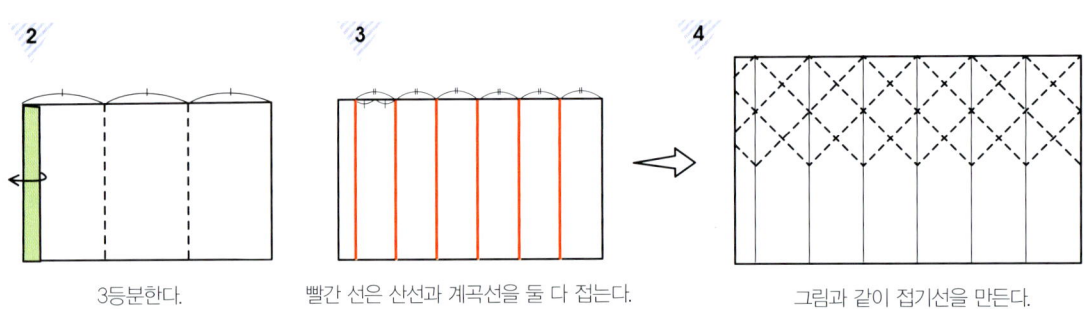

2 3등분한다.

3 빨간 선은 산선과 계곡선을 둘 다 접는다.

4 그림과 같이 접기선을 만든다.

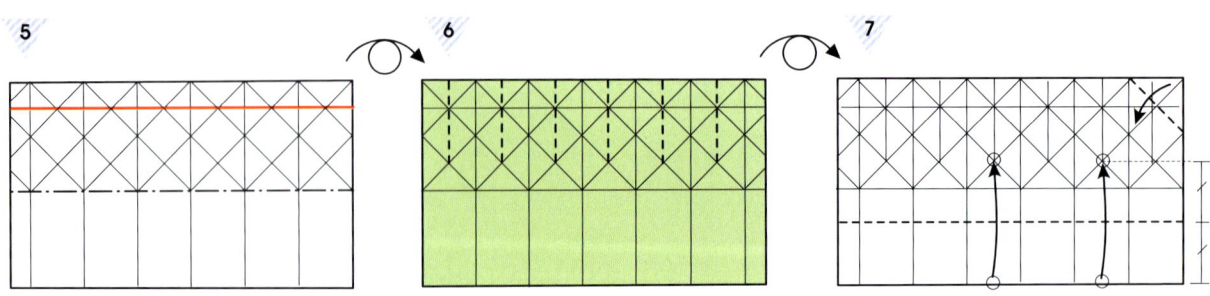

5 빨간 선은 산선과 계곡선을 둘 다 만든다.

6

7

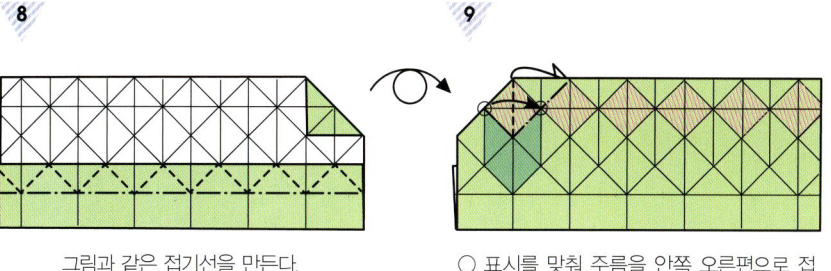
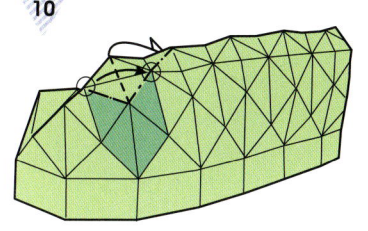

8 그림과 같은 접기선을 만든다.

9 ○ 표시를 맞춰 주름을 안쪽 오른편으로 접고 색이 짙은 부분이 볼록해지도록 접는다 (전체적으로 빗금친 부분을 맞춰 접는다).

10 두 번째 볼록을 접는다. 순서대로 볼록하게 접어 간다.

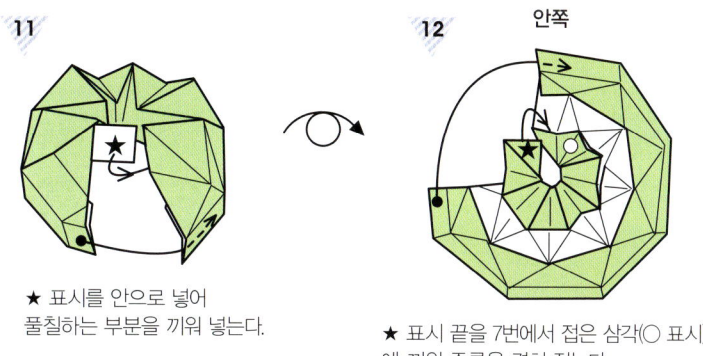

11 ★ 표시를 안으로 넣어 풀칠하는 부분을 끼워 넣는다.

12 ★ 표시 끝을 7번에서 접은 삼각(○ 표시)에 끼워 주름을 겹쳐 접는다.

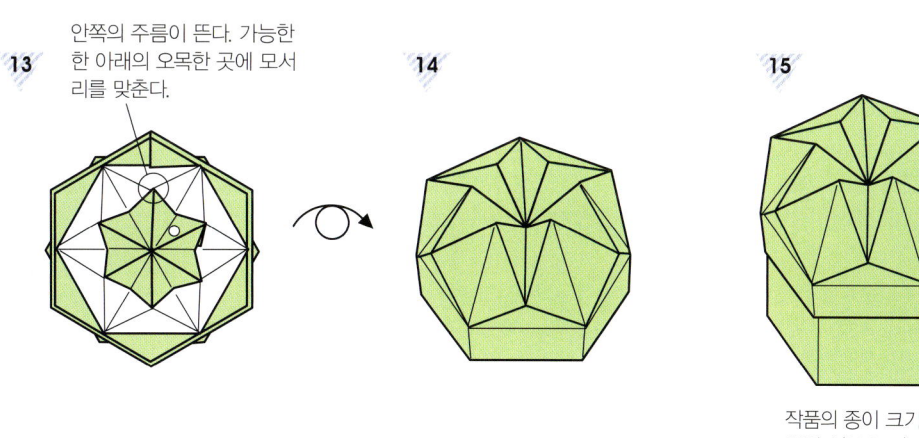

13 안쪽의 주름이 뜬다. 가능한 한 아래의 오목한 곳에 모서리를 맞춘다.

14

15

작품의 종이 크기
뚜껑 / (22.2+α)×14cm
본체 / (21.2+α)×17cm
※ 본체는 육각 상자 간이 버전

상자 크기 8.5×11.2cm
뚜껑의 종이 크기 (25.5+a)×15.5cm
본체의 종이 크기 (23.8+a)×22cm
※ 본체는 육각 상자 간이 버전

상자 크기 7.6×8.8cm

 ## 올록볼록 육각 상자 뚜껑 **잎**

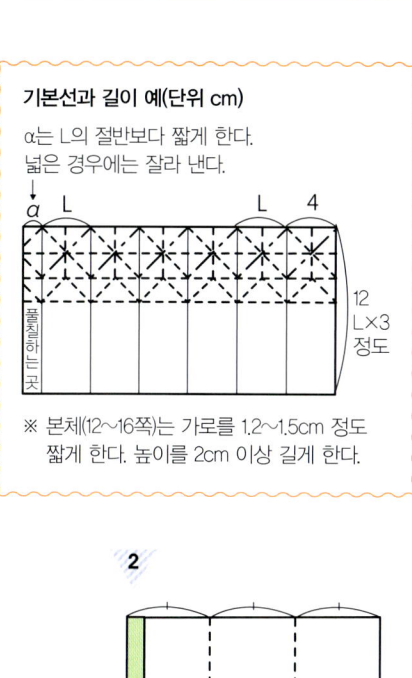

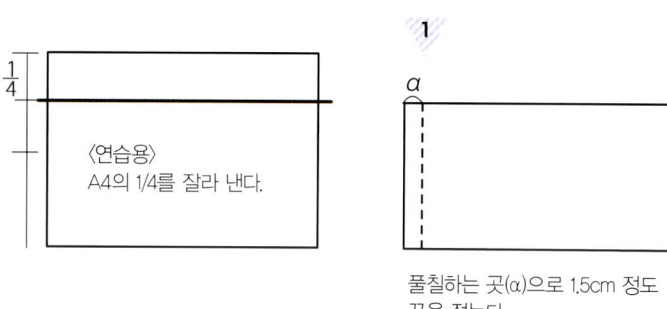

1. 풀칠하는 곳(α)으로 1.5cm 정도 끝을 접는다.

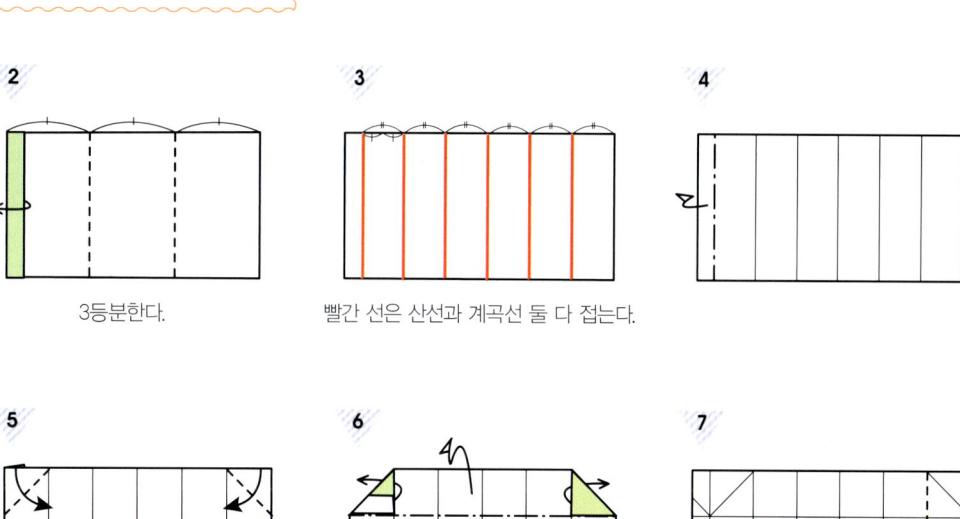

2. 3등분한다.

3. 빨간 선은 산선과 계곡선 둘 다 접는다.

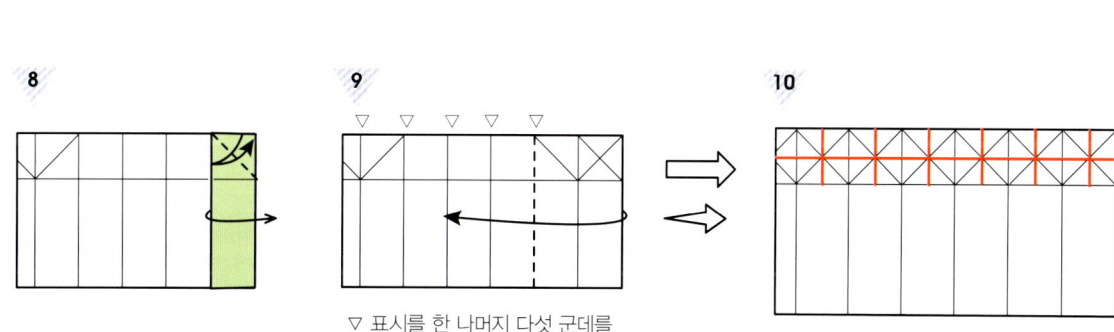

9. ▽ 표시를 한 나머지 다섯 군데를 7, 8번과 같은 방법으로 접는다.

10. 빨간 선은 산선과 계곡선을 둘 다 접는다.

11

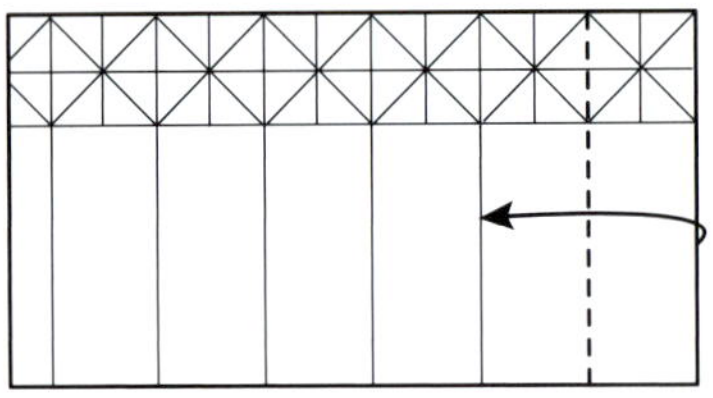

12
○ 표시까지 접고 펼친다. 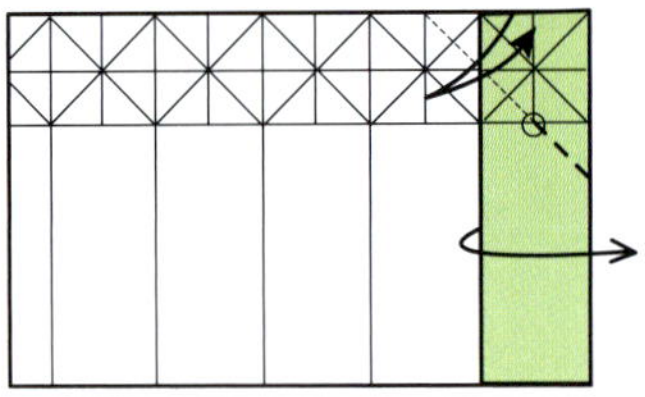

13
○ 표시의 교점에서 접는다.

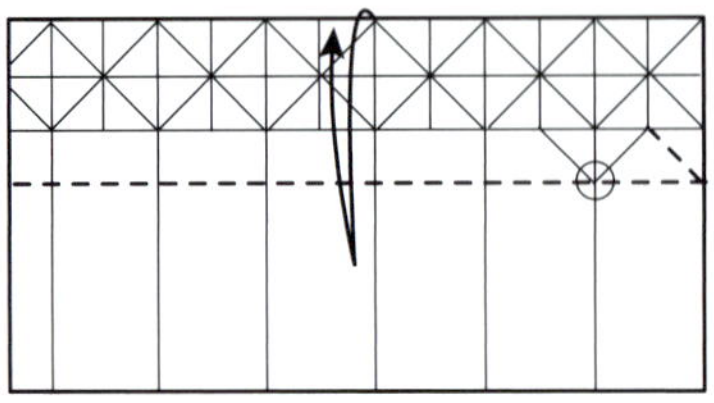

14

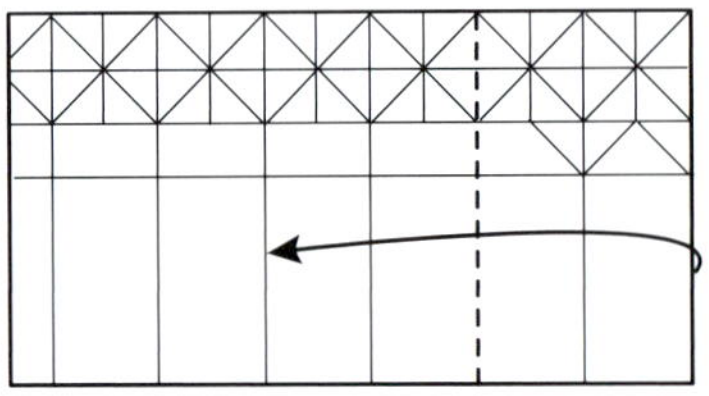

15

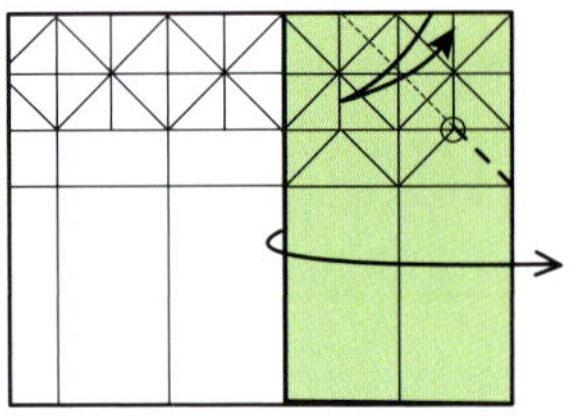

16
나머지 네 군데를 14, 15번과 같이 접는다. 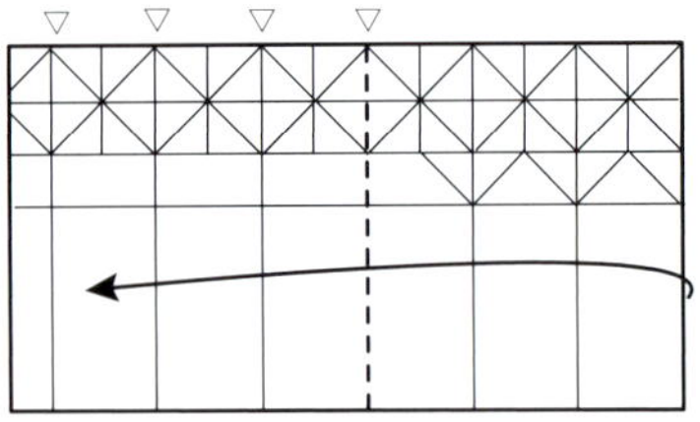

17

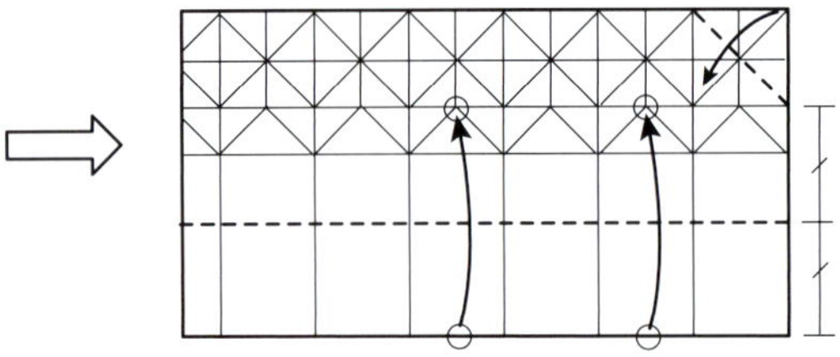

18
위아래 함께 확실히 계곡선을 만든다. 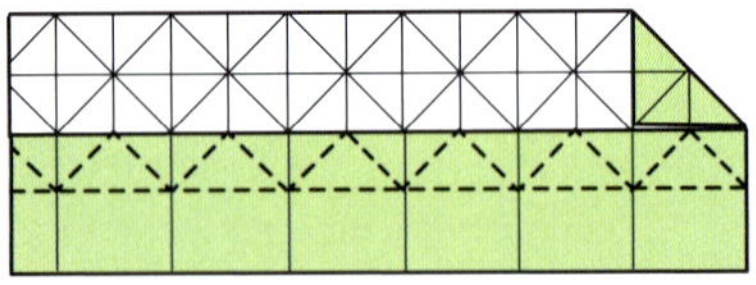

19
두꺼운 선을 산선으로 접어 ○ 표시를 맞추고 주름을 안쪽 오른편으로 접어 하나의 오목을 만든다 (파란색 화살표 부분을 오목하게 해서 색이 옅은 부분에서 마름모 모양으로 오목하게 만든다).

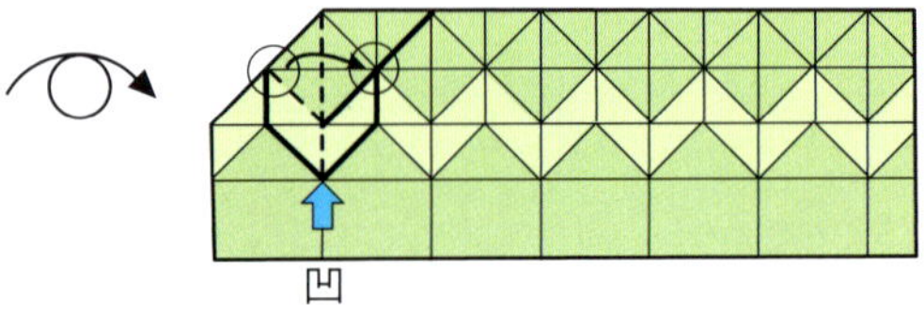

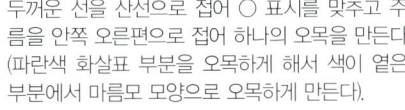
상자 종이접기 3

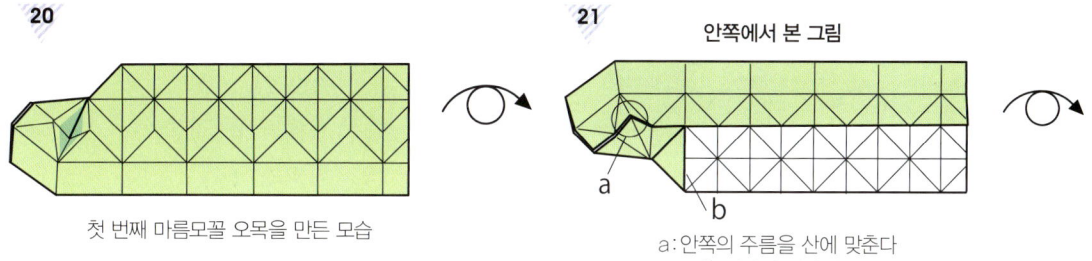

첫 번째 마름모꼴 오목을 만든 모습

안쪽에서 본 그림

a : 안쪽의 주름을 산에 맞춘다
b : 끝을 아래의 선에 맞춰 일직선으로 만든다.

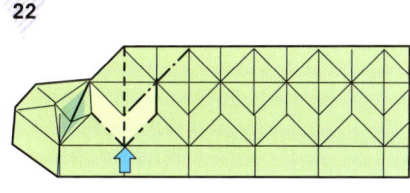

두 번째 마름모 오목을 만든다.

▲▼ 올록볼록하게 접는 포인트

1. ○ 표시를 맞춰 주름을 안쪽 오른편으로 접어 오목하게 만든다(56쪽 따라하기 19번).
2. 오목하게 만든 모습(57쪽 따라하기 20번)
3. 두 번째 오목을 만든 모습(57쪽 따라하기 23번)
4. 3번의 안쪽(57쪽 따라하기 24번)

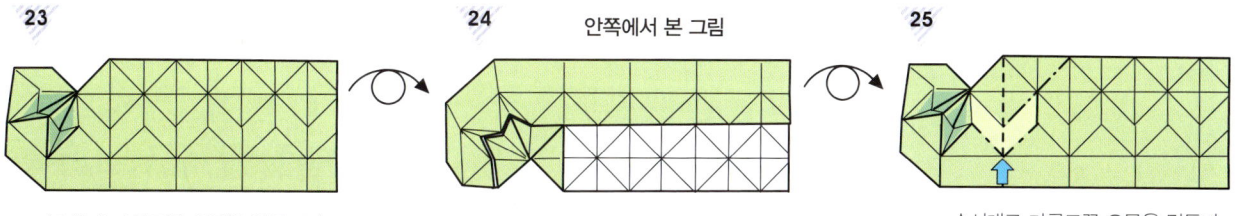

두 번째 마름모꼴 오목을 만든 모습

안쪽에서 본 그림

순서대로 마름모꼴 오목을 만든다.

* 57 *
육각형 상자

26

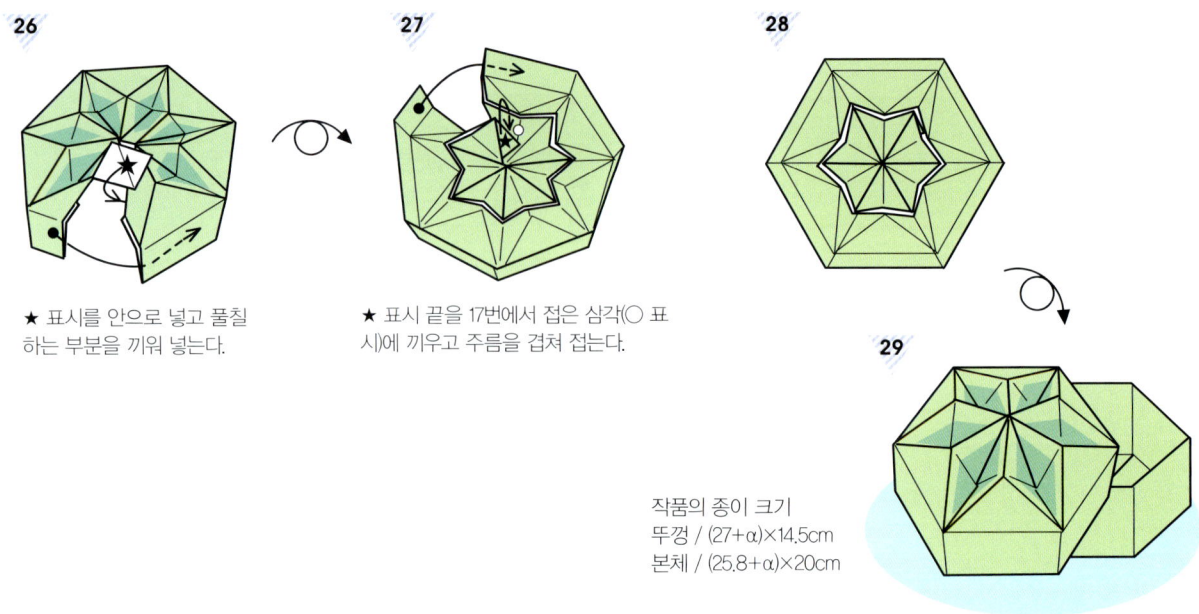

★ 표시를 안으로 넣고 풀칠하는 부분을 끼워 넣는다.

27

★ 표시 끝을 17번에서 접은 삼각(○ 표시)에 끼우고 주름을 겹쳐 접는다.

28

29

작품의 종이 크기
뚜껑 / (27+α)×14.5cm
본체 / (25.8+α)×20cm

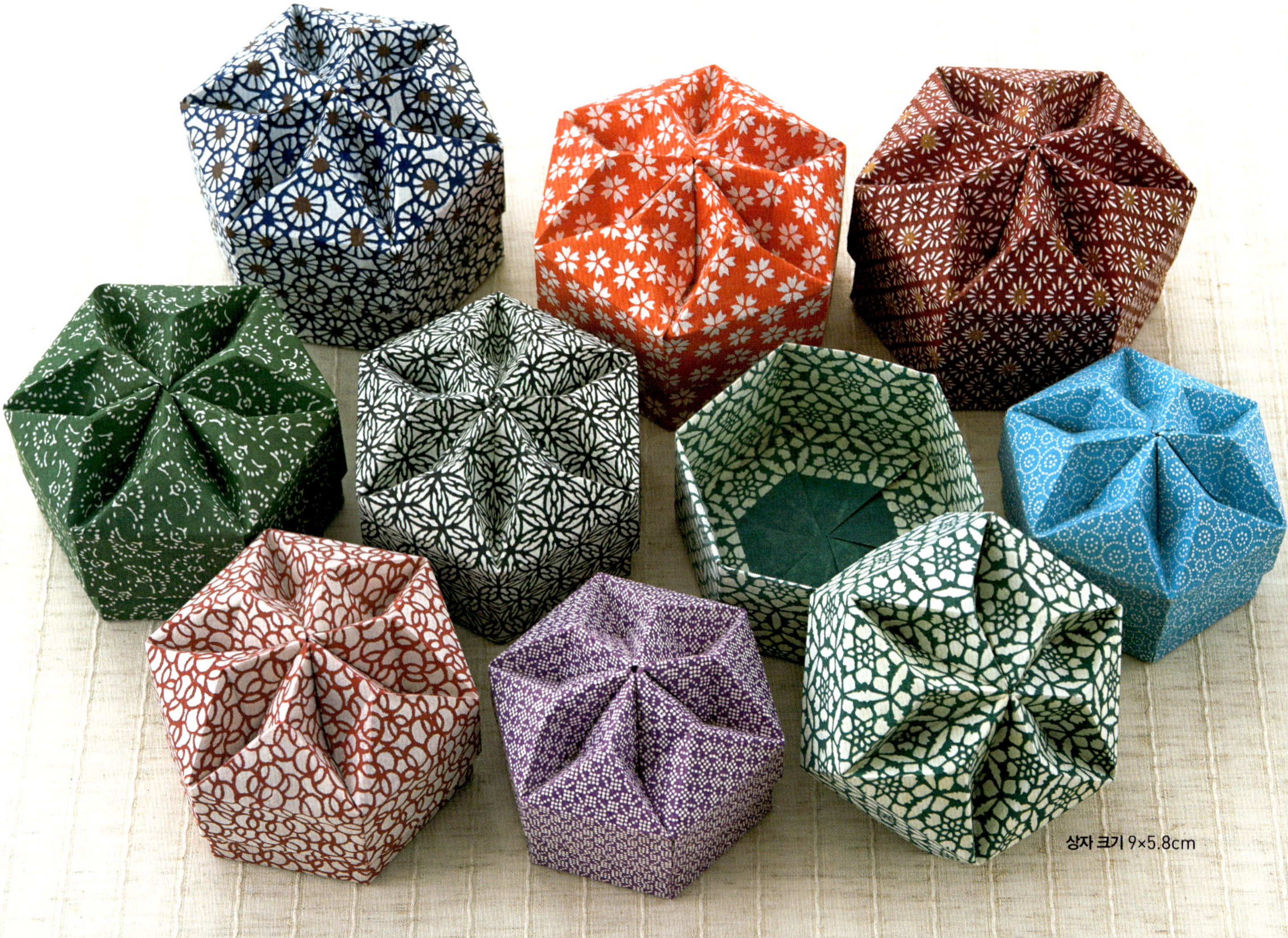

상자 크기 9×5.8cm

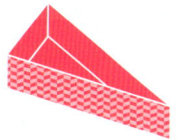

상자 속의 상자 삼각 90°~30°

연습 : 15×15cm

육각형 상자

이번에는 본편의 부록으로 상자 속에 수납되는 작은 상자에 대해 소개하겠습니다.
육각 상자 외에도 『상자 종이접기 2』에서 소개된 삼각 상자, 사각 상자에도 넣을 수 있습니다. 이것은 정삼각형을 반으로 자른 모양입니다.

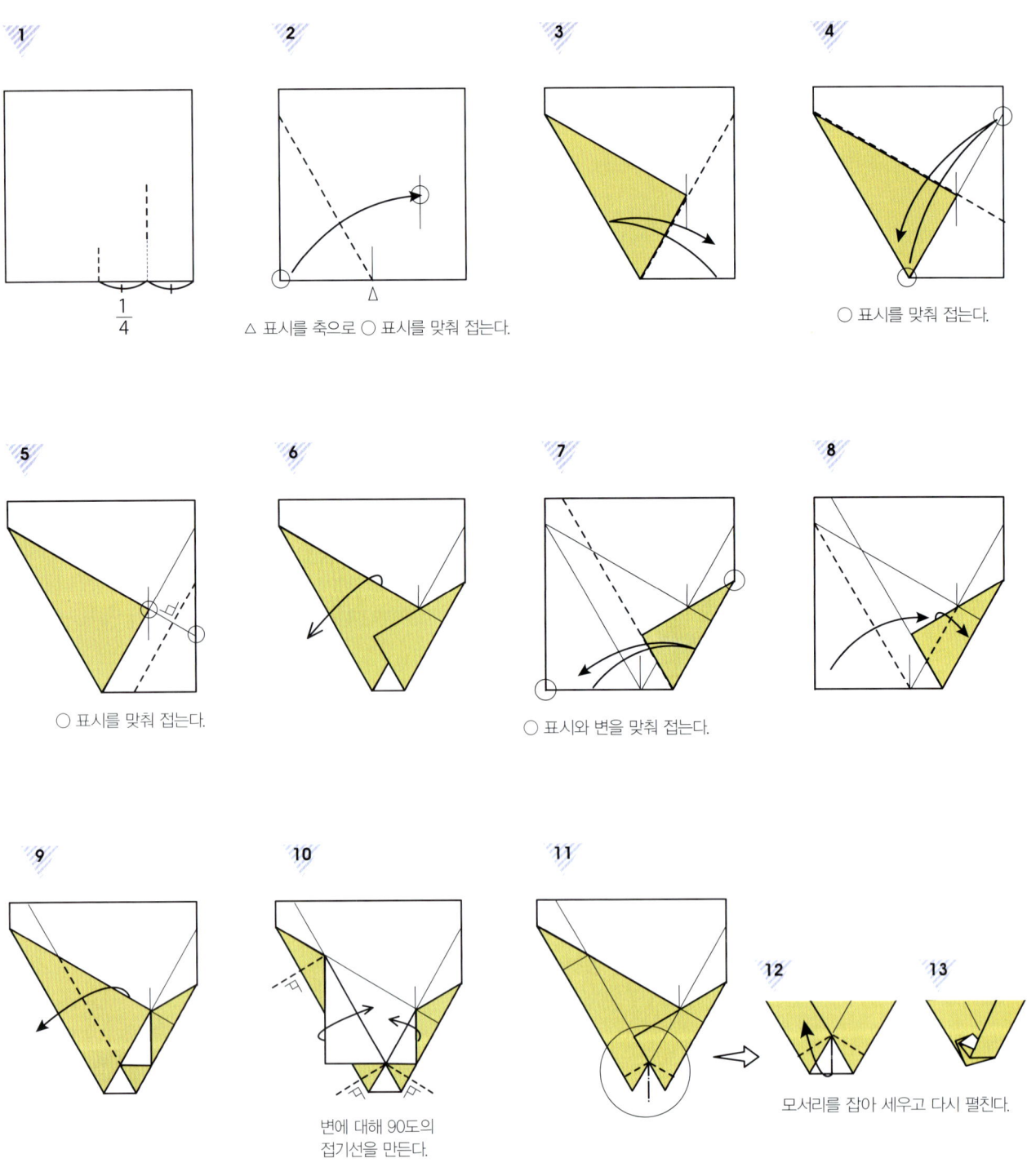

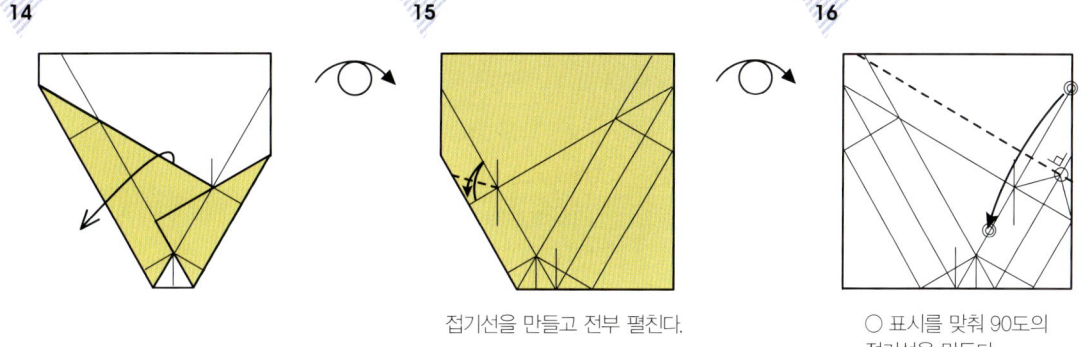

15 접기선을 만들고 전부 펼친다.

16 ○ 표시를 맞춰 90도의 접기선을 만든다.

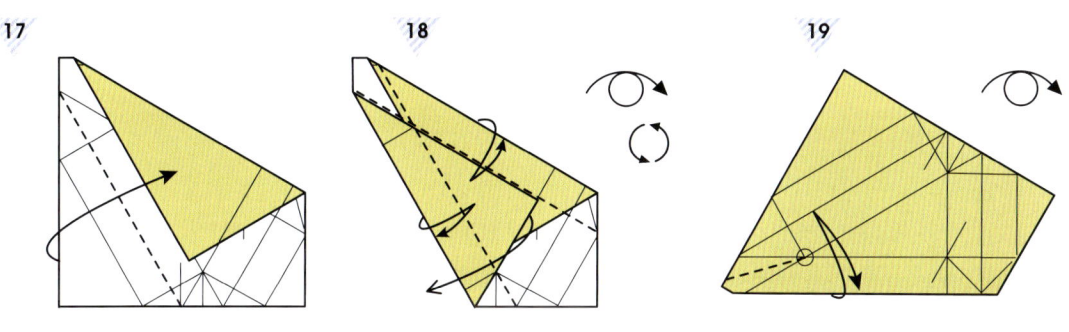

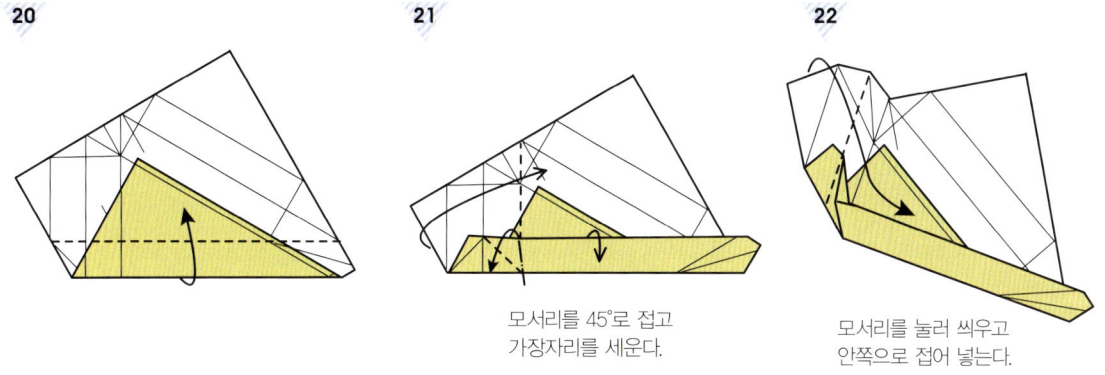

21 모서리를 45°로 접고 가장자리를 세운다.

22 모서리를 눌러 씌우고 안쪽으로 접어 넣는다.

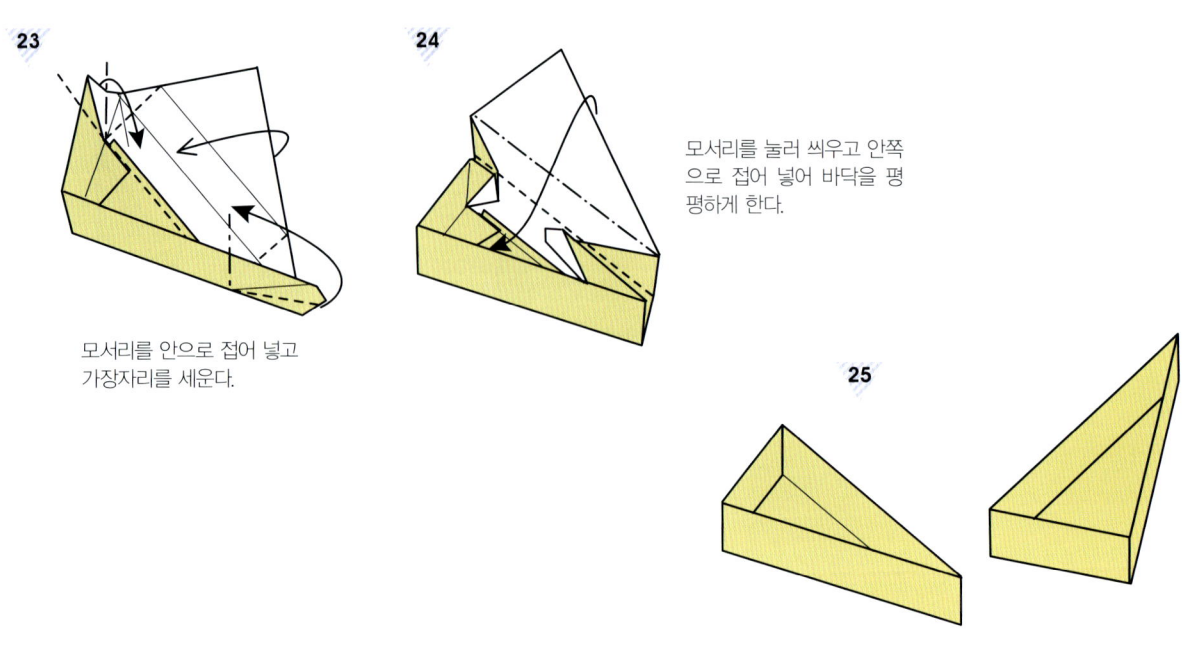

23 모서리를 안으로 접어 넣고 가장자리를 세운다.

24 모서리를 눌러 씌우고 안쪽으로 접어 넣어 바닥을 평평하게 한다.

25

[거울 접기]

[거울 접기]는 거울에 비치는 모습과 같이 기본 모양을 반대로 접은 것입니다.
숨은 상자를 만들 때는 거울 접기를 사용하면 보다 재미있어집니다.

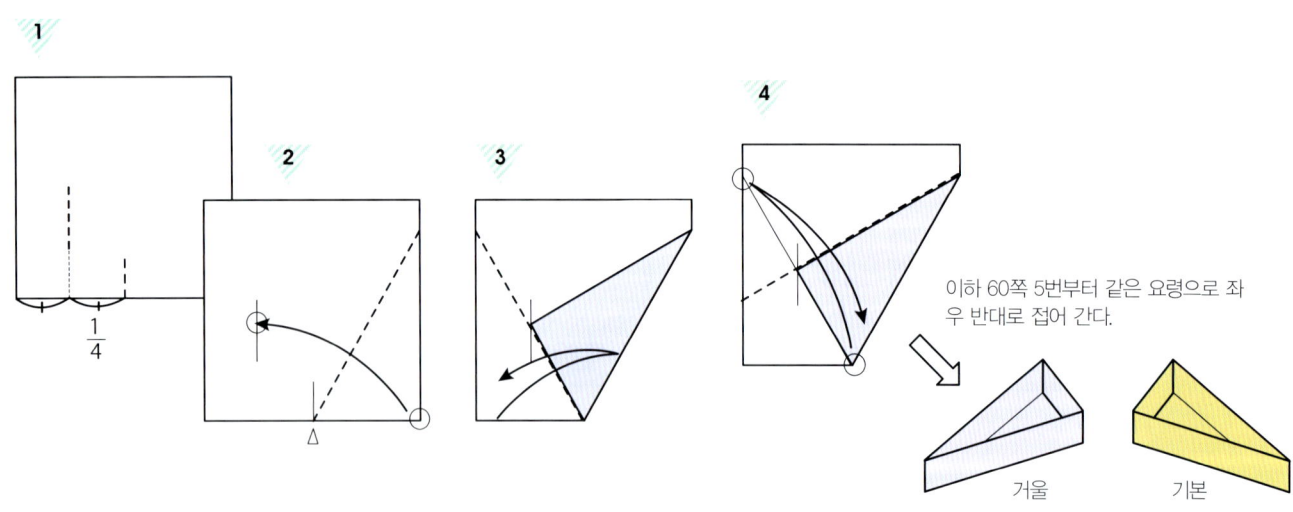

이하 60쪽 5번부터 같은 요령으로 좌우 반대로 접어 간다.

거울   기본

육각 상자에 넣기

길이는 대중으로 잡은 것으로 상자의 크기나 종이의 질에 따라 달라질 수 있으므로 조절해서 사용하세요.

[90°~30° 상자 넣기 1]

[90°~30° 상자 넣기 2]

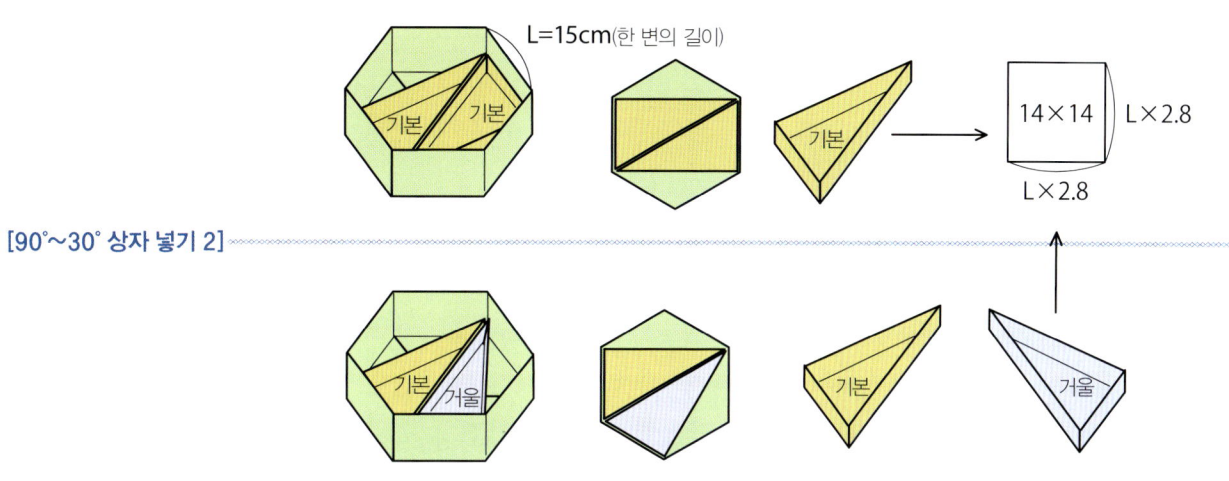

PART 2
HEPTAGON

칠각형 상자

뚜껑과 본체를 각각 한 장으로 접는 상자입니다. 각의 수가 늘어도 접는 방법이나 마무리하는 법의 테크닉은 같습니다.
우선 A4 용지로 연습을 하고 요령을 익힌 후에 크기를 바꾸거나 마음에 드는 종이로 접어 주세요.
1변의 폭(L)의 7배와 풀칠하는 곳(α)이 종이의 가로 폭이며, 상자의 깊이를 정하는 세로 폭(H)은 변의 비율을 기준으로 마음에 드는 길이를 찾아봅시다.

【더블 로크 칠각 상자/67쪽】

【칠각 상자 뚜껑·겹꽃/76쪽】

【칠각 상자 뚜껑·꽃/77쪽】

【칠각 상자 뚜껑·단추/78쪽】

【칠각 상자 뚜껑·되접는 꽃 1/80쪽】

【칠각 상자 뚜껑·꽃봉오리/82쪽】

【칠각 상자 뚜껑·꽃부리/82쪽】

7등분하여 접는 법

이 접기 방법은 '점근등분법'이라는 것으로, 후지모토 슈조 씨가 고안해 낸 방법입니다.
몇 번 정도 반복하여 접는 사이에 선이 겹치면서 7등분이 됩니다. 익숙해지면 그렇게 번거롭지 않습니다.
여기에서는 칠각 상자를 만들 것이기 때문에 끝에 풀칠하는 부분을 남겨 두고 7등분하는 예를 들었습니다.
(종이 크기는 A4의 위를 조금 잘라 낸 경우를 그려 놓았습니다)

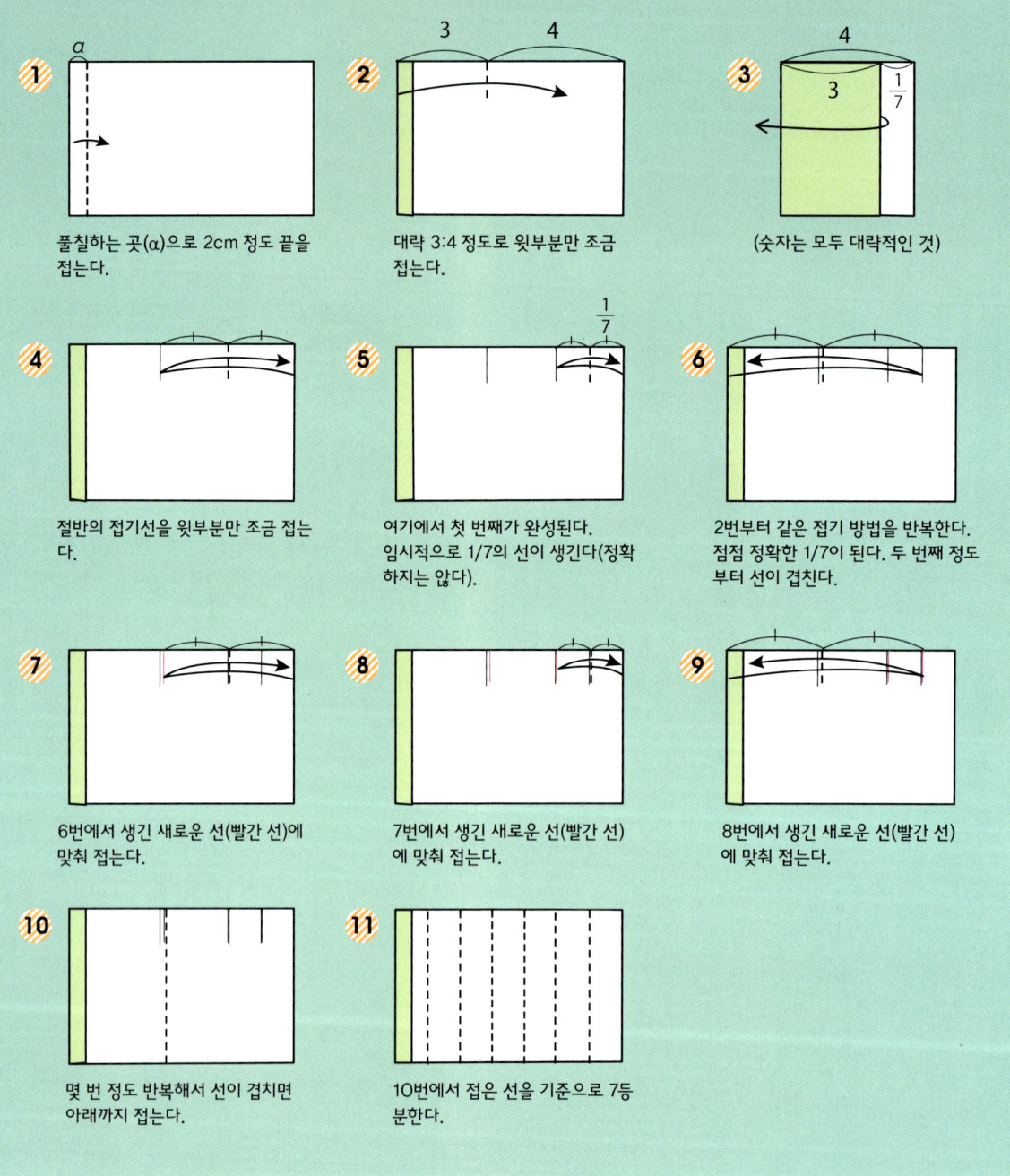

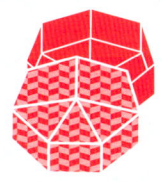

더블 로크 칠각 상자

연습 : A4(210×297mm)를 잘라 사용

바닥이 바깥쪽과 안쪽에 이중으로 닫히는 상자로 안쪽의 측면과 바닥에 이음매가 없기 때문에 깔끔하게 완성됩니다.

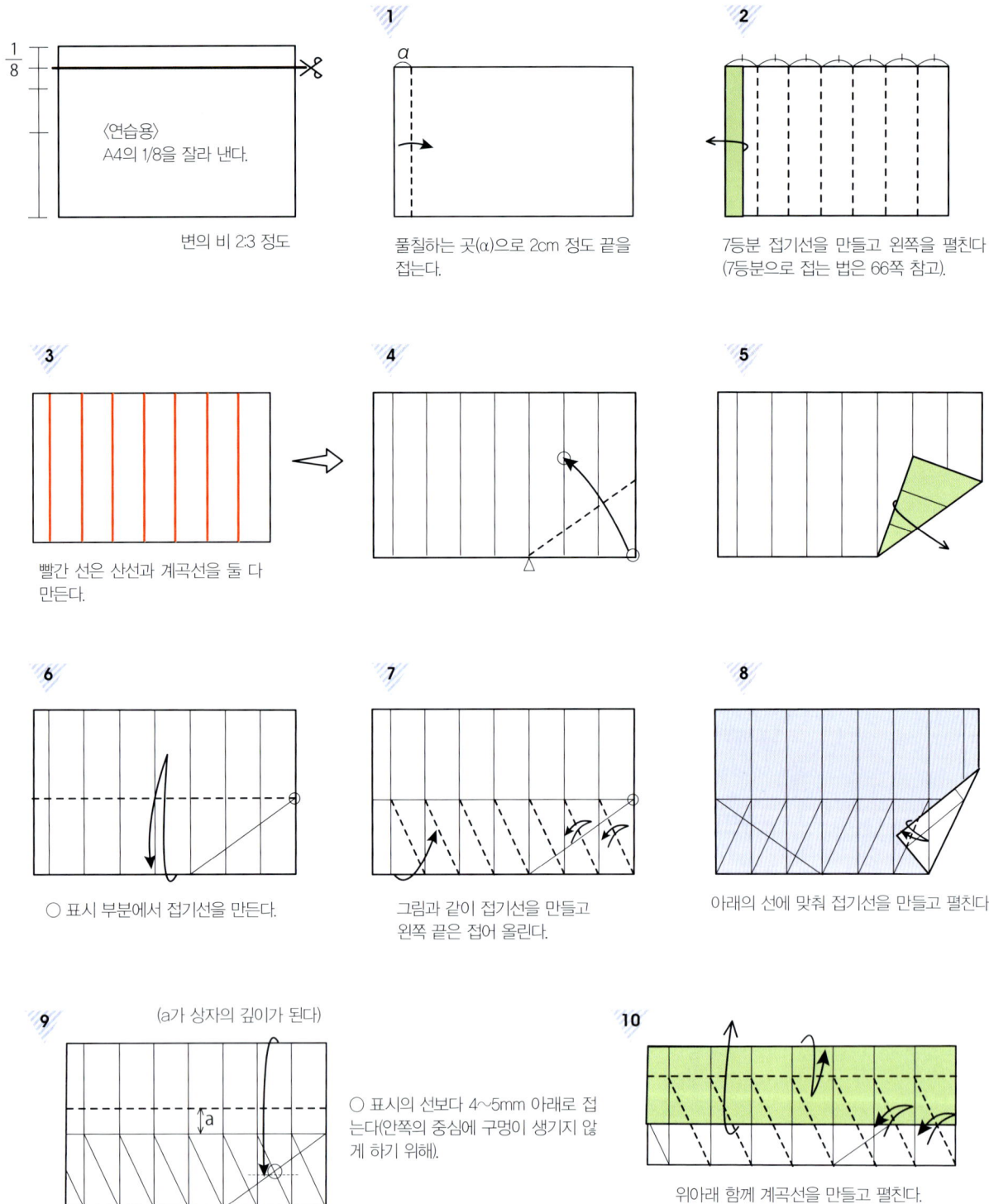

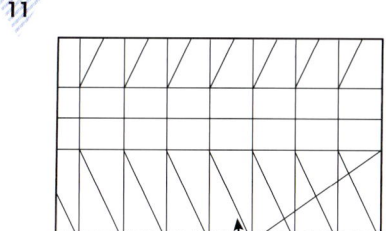

아래는 6~7mm 정도 접는다(바닥에 튀어 나오지 않도록 하기 위해).

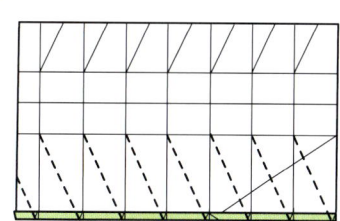

접은 부분에도 함께 계곡선을 다시 만든다.

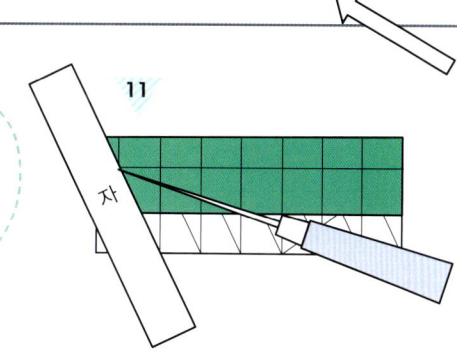

이하 11번에 계속

Point 종이의 질이나 두께에 따라서는 도구를 사용하면 깔끔하게 접을 수 있다. 그림과 같이 자와 송곳을 사용해 선을 긋는다.
(※ 68쪽 따라하기 10번의 선도 이 방법을 사용해 만들면 좋다.)

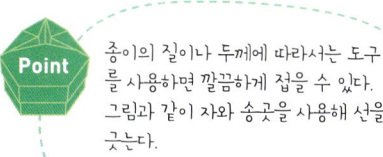

1에서 산선을 계곡선으로 다시 접고 2를 접는다.

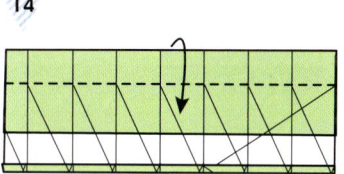  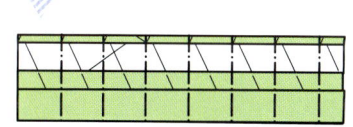

4겹에 전부 확실히 산선을 만들고 16번의 그림과 같이 펼친다.

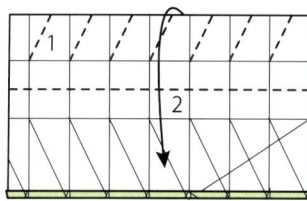

풀칠하는 곳과 겹치는 부분(색칠된 부분)에 풀칠을 하고 15번의 모양으로 다시 되돌린다.
※ 통 모양으로 만들 때까지 풀칠에 주의하여 다룬다.

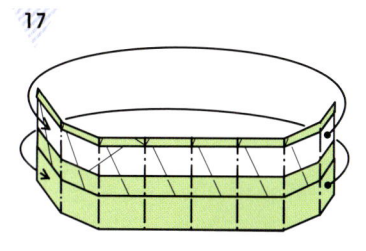

끝을 끼워 칠각의 통을 만든다.

 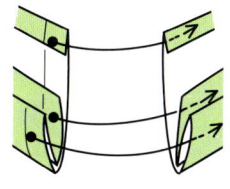

말아서 끼운다.

칠각형 상자

19 주름을 중앙으로 모은 후에 비틀어도 된다.

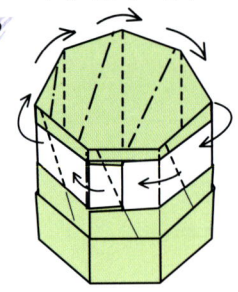

우선 안쪽의 한 장을 비틀어 중앙을 닫으면서 평평하게 펼친다. 한 번에 잘 되지 않으므로 균등하게 돌리면서 자국을 만들고 마지막에 평평하게 한다.

안쪽을 위에서 본 그림

20 **21**

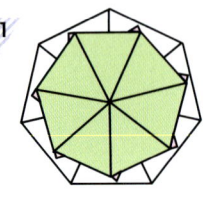

11번에서 아래를 접으면 평평하게 한 안쪽의 모서리가 튀어나오지 않는다.

안쪽을 위에서 본 그림

22 **23** **24** **25**

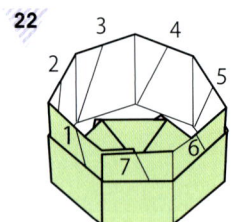 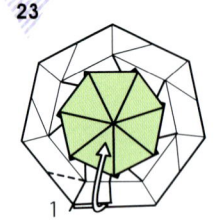 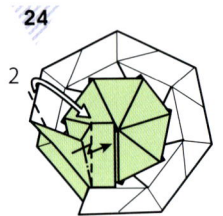

번호순으로 씌워 바닥에 포개어 간다.

풀칠하는 부분(겹쳐진 부분의 좁은 부분)부터 바닥으로 씌워 포개어 간다.

순서대로 씌워 포개어 간다.

26 **27**

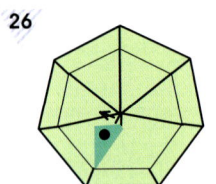 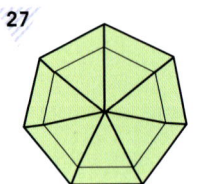 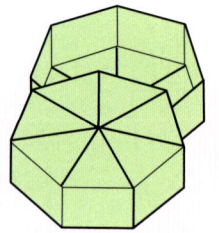

마지막으로 색이 짙은 부분을 안으로 끼워 넣는다.

작품의 종이 크기
뚜껑 / (28.5+α)×18cm
본체 / (27.2+α)×21cm

칠각 상자 본체와 뚜껑의 길이

뚜껑과 본체는 오른쪽과 같이 풀칠하는 부분에 차를 두어도 되고 종이의 크기를 바꾸어도 됩니다. 포인트는 L과 H의 길이로, 이 부분을 가감하여 보다 나은 길이를 찾아봅시다.

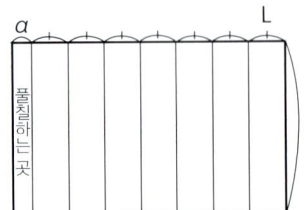

L : 바닥 면적을 결정 – 길수록 커진다
H : 깊이를 결정 – 길수록 깊어진다

길이 예(단위 cm)

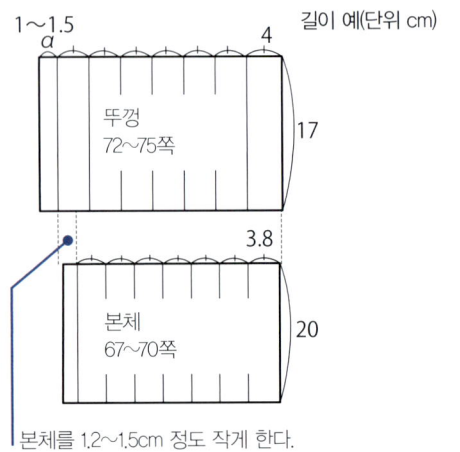

뚜껑 72~75쪽
본체 67~70쪽

본체를 1.2~1.5cm 정도 작게 한다.

상자 크기 8.8×4.8cm

칠각 상자 뚜껑 기본

연습 : A4(210×297mm)를 잘라 사용

꽃봉오리

상자 크기 8.8×5.5cm

상자 크기 7.6×4.5cm
뚜껑의 종이 크기 (23.8+α)×15.5cm
본체의 종이 크기 (22.8+α)×19cm

뚜껑은 윗면에 모양을 만들기 위해 풀칠하는 곳을 본체보다 작게 만듭니다.

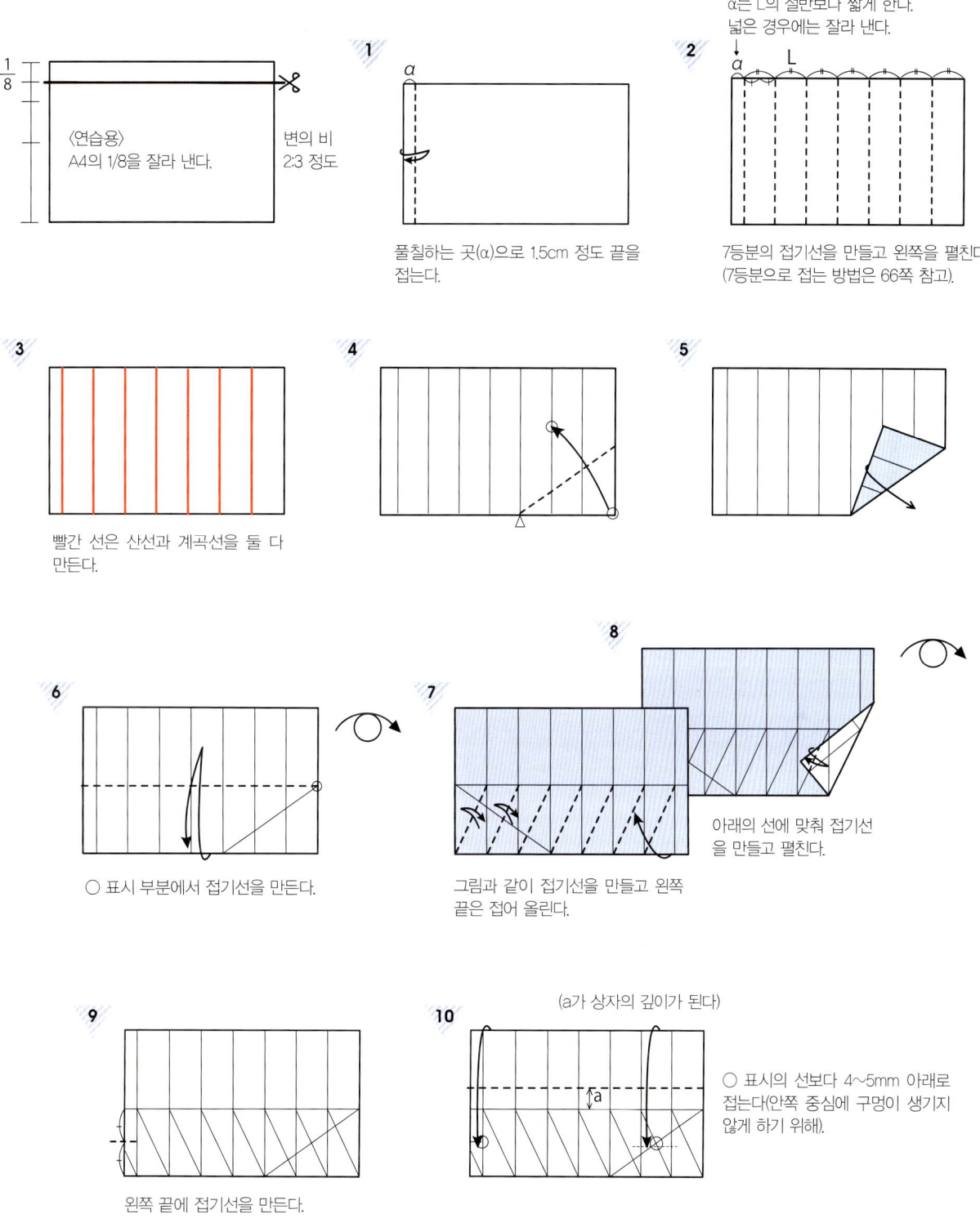

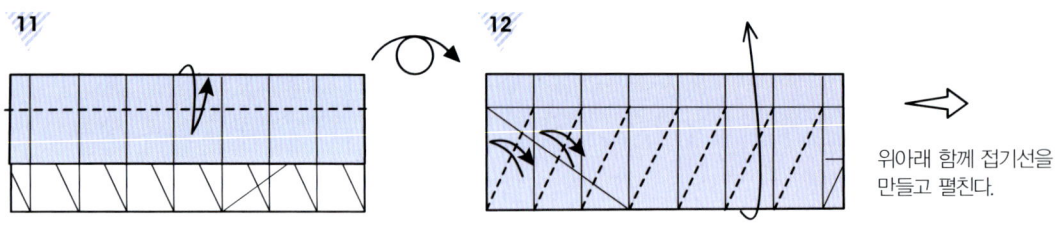

위아래 함께 접기선을 만들고 펼친다.

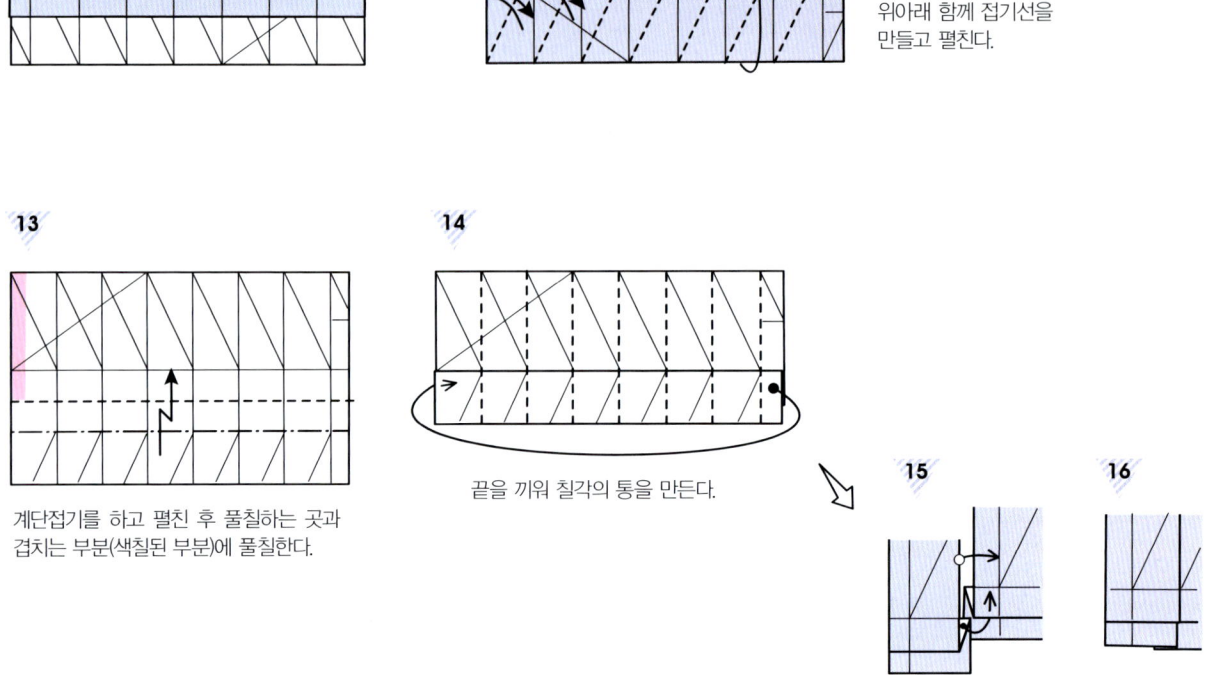

계단접기를 하고 펼친 후 풀칠하는 곳과 겹치는 부분(색칠된 부분)에 풀칠한다.

끝을 끼워 칠각의 통을 만든다.

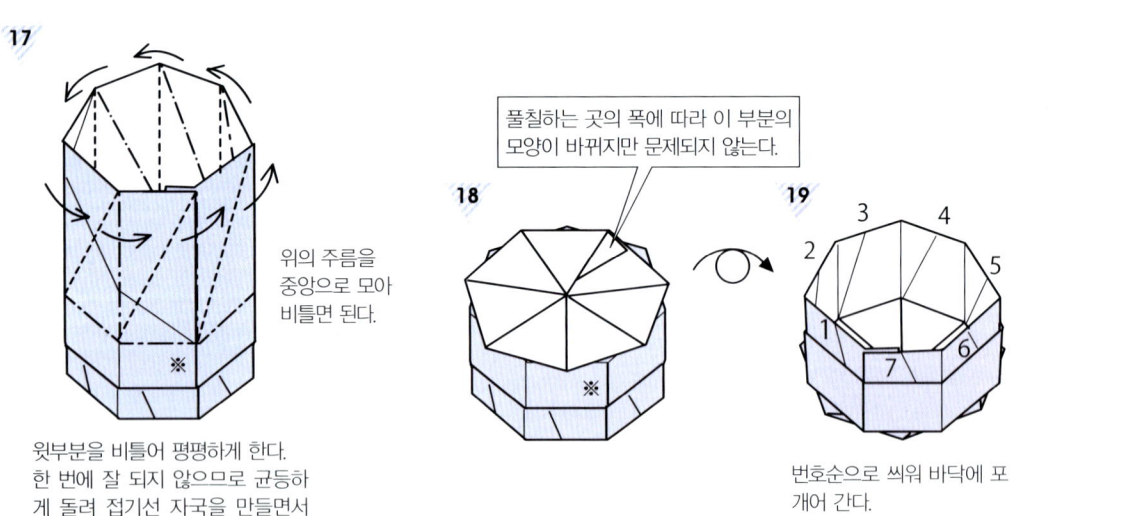

윗부분을 비틀어 평평하게 한다. 한 번에 잘 되지 않으므로 균등하게 돌려 접기선 자국을 만들면서 마지막에 평평하게 한다.

위의 주름을 중앙으로 모아 비틀면 된다.

풀칠하는 곳의 폭에 따라 이 부분의 모양이 바뀌지만 문제되지 않는다.

번호순으로 씌워 바닥에 포개어 간다.

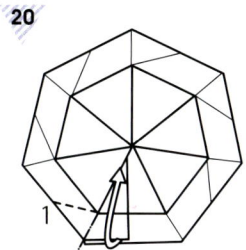

풀칠하는 부분(겹쳐진 부분 중 좁은 곳)부터 씌워 바닥에 포개어 간다.

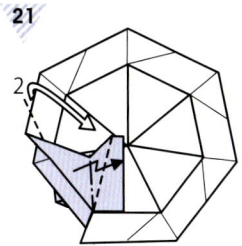

다음 부분을 씌워 접는다.

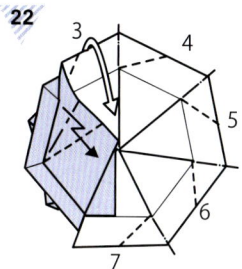

순서대로 씌우며 포개어 간다.

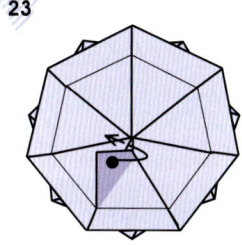

마지막으로 색이 짙은 부분을 안으로 끼워 넣는다.

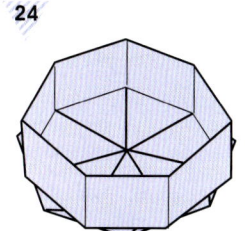

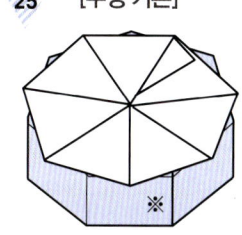

[뚜껑 기본]

※ 표시는 겹쳐진 부분

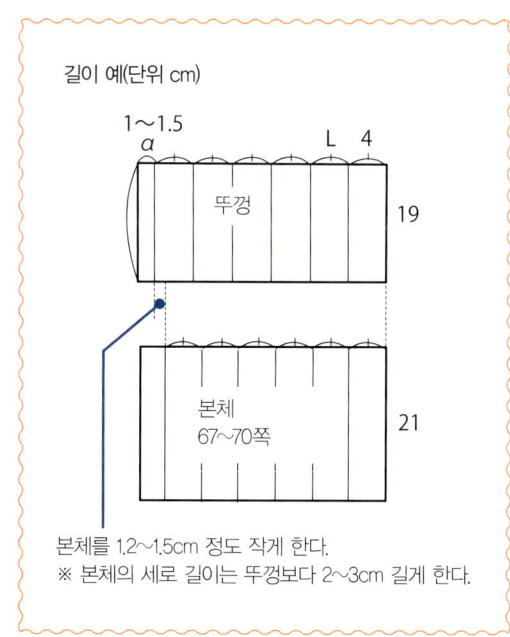

길이 예(단위 cm)

뚜껑

본체
67~70쪽

본체를 1.2~1.5cm 정도 작게 한다.
※ 본체의 세로 길이는 뚜껑보다 2~3cm 길게 한다.

칠각형 상자

칠각 상자 뚜껑 **겹꽃**

★★★ [뚜껑 기본] 74쪽 13번부터

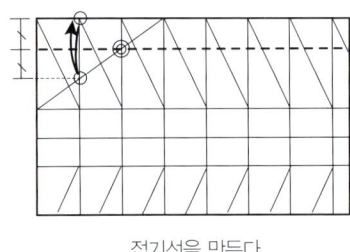

14. 접기선을 만든다.

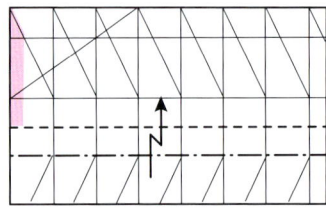

15. 계단접기를 하고 펼친 후 풀칠하는 곳과 겹치는 부분(색칠된 부분)에 풀칠한다.

74쪽 14번부터 25번 [뚜껑 기본]까지 접는다.

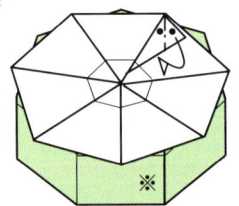

16. 풀칠하는 곳의 끝을 절반의 각도로 접어 넣는다.

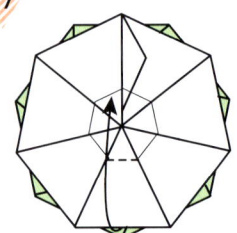

17.

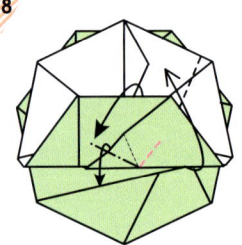

18. 주름을 잡고 중심으로 다시 접는다. 빨간 선은 아래의 계곡선.

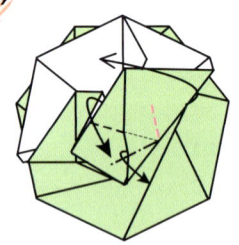

19. 만들어져 있는 선을 따라 중앙으로 모아 집어 주름을 접는다.

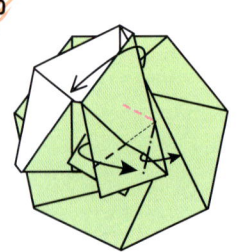

20.

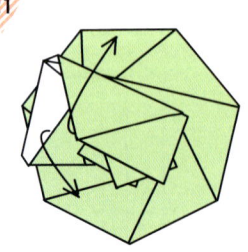

21. 펼친다.

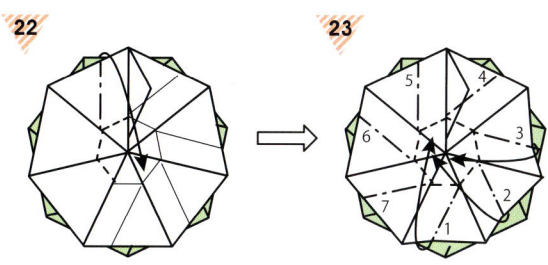

22 아직 접지 않은 네 곳을 같은 요령으로 순서대로 접고 펼친다.

23 만든 접기선을 따라 주름을 중앙으로 모아 시계 방향으로 비틀어 윗부분을 평평하게 한다(마지막 주름은 안으로 접어 넣는다).

25 작품의 종이 크기
뚜껑 / (28.7+α)×18cm
본체 / (27.3+α)×20cm

칠각 상자 뚜껑 꽃, 말린 꽃, 단추

★★★ [뚜껑 기본] 74쪽 13번부터

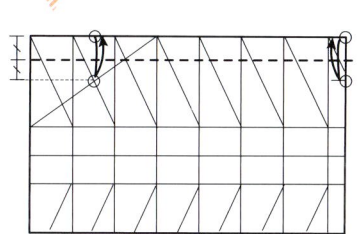
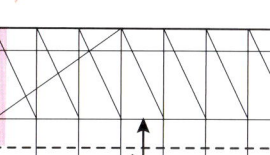

14

15 계단접기를 하고 펼친 후 풀칠하는 곳과 겹치는 부분(색칠된 부분)에 풀칠한다.

74쪽 15번부터 25번, [뚜껑 기본]까지 접는다.

[뚜껑 기본] 75쪽 25번부터

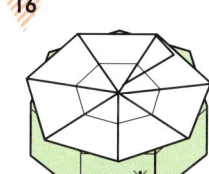

16

[꽃]

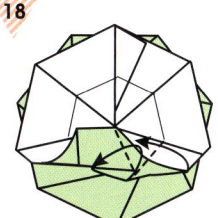
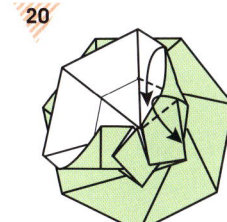

17 안쪽의 한 장만 중앙으로 당겨 접는다.

18 19 20 만들어져 있는 선을 따라 중앙으로 모아 주름을 접는다.

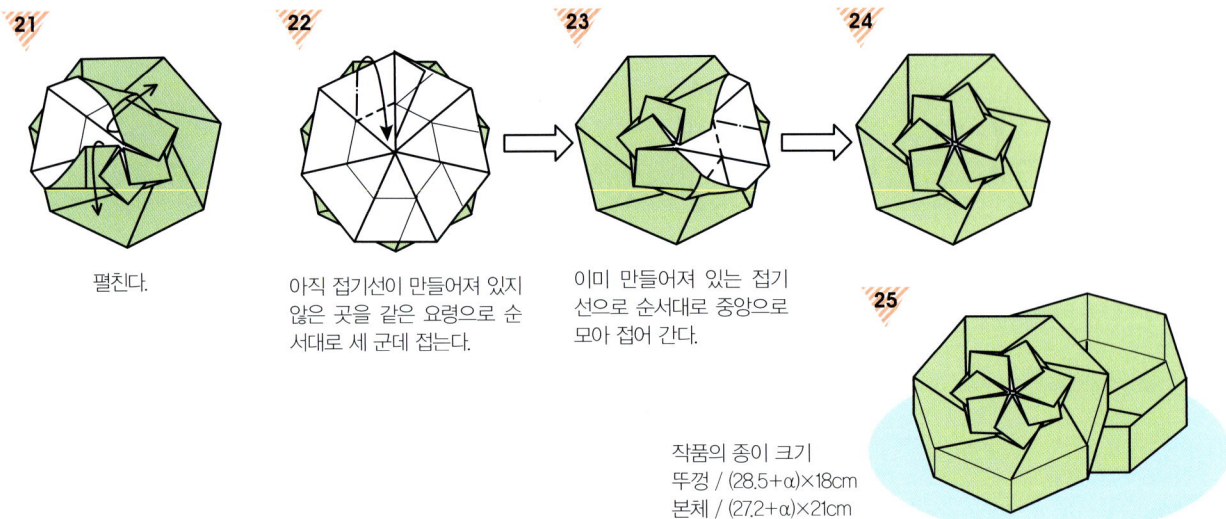

[말린 꽃]

★★★ [꽃] 24번부터

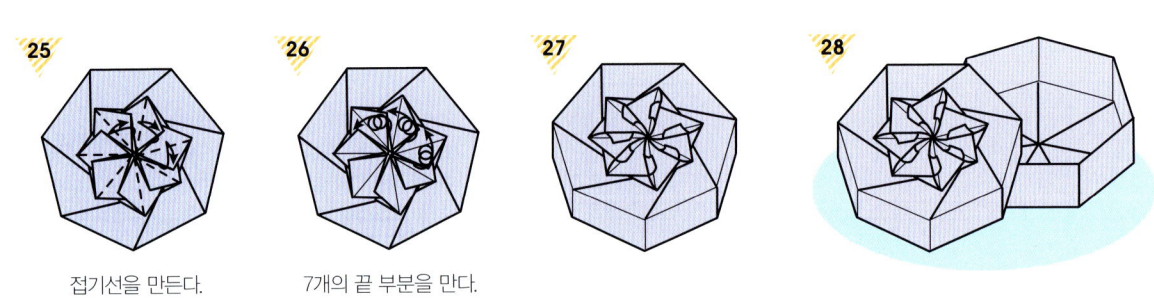

[단추]

★★★ [꽃] 24번부터

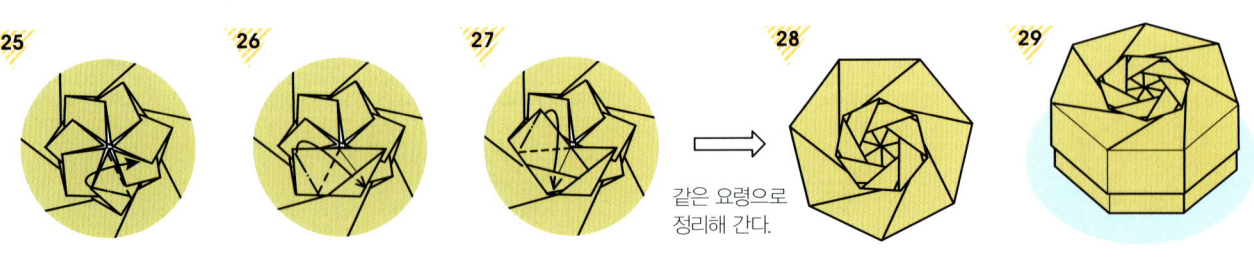

겹꽃

상자 크기 9.5×5cm

말린 꽃

상자 크기 9×5cm

단추

꽃

상자 크기 9×5cm

* 79 *

칠각형 상자

 칠각 상자 뚜껑 **되접는 꽃 1, 되접는 국화꽃, 되접는 꽃 2**

[되접는 꽃 1]

★★★ [뚜껑 기본] 74쪽 14번부터

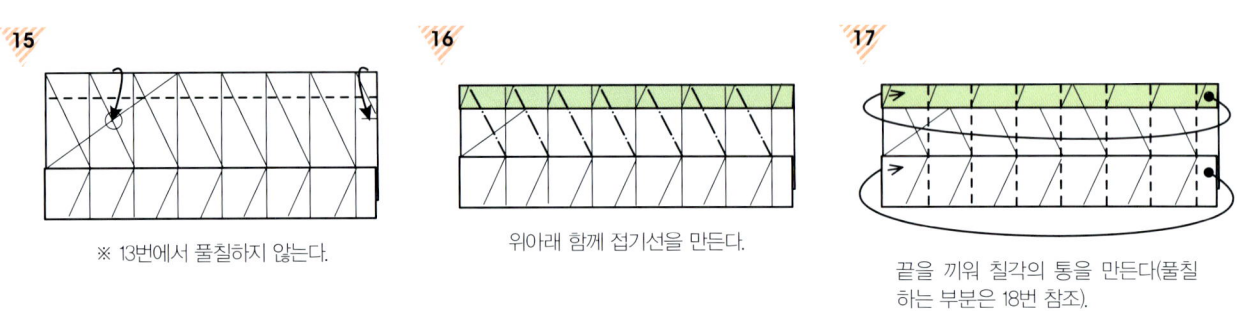

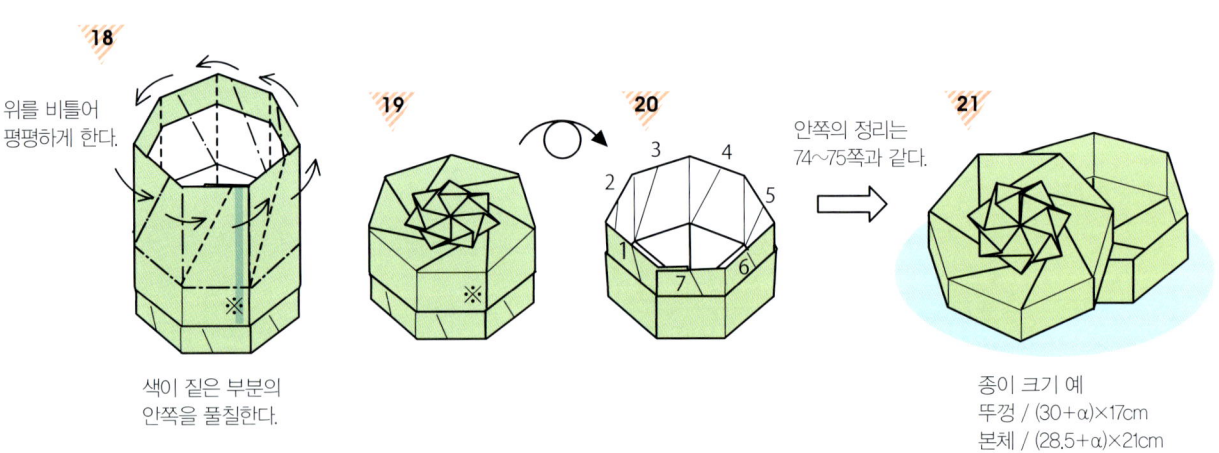

[되접는 국화꽃]

★★★ [되접는 꽃] 21번부터

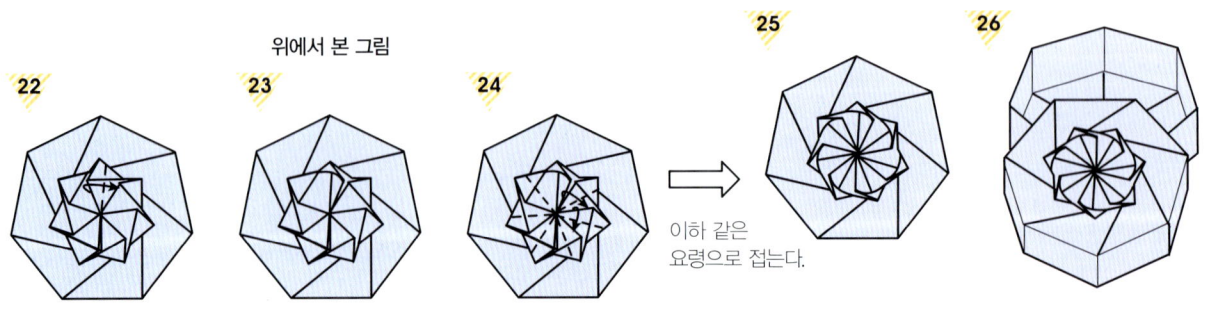

[되접는 꽃 2]

★★★ [뚜껑 기본] 74쪽 14번부터

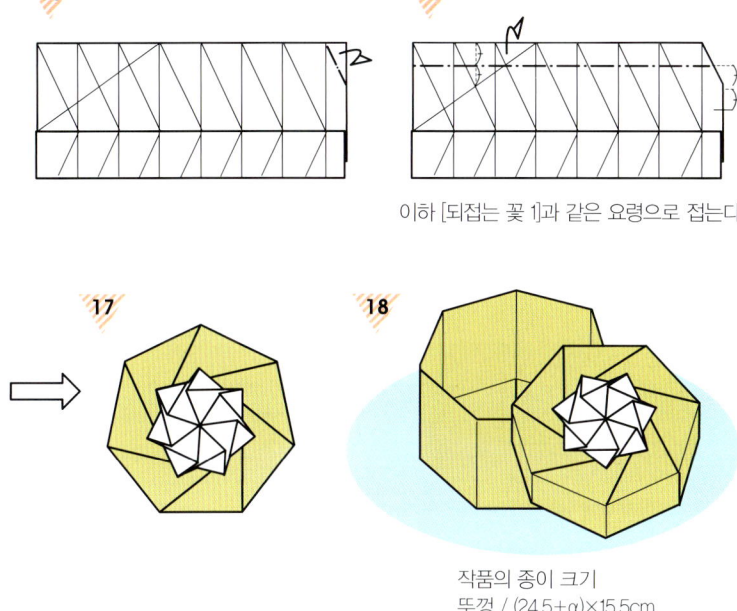

이하 [되접는 꽃 1]과 같은 요령으로 접는다.

작품의 종이 크기
뚜껑 / (24.5+α)×15.5cm
본체 / (23.5+α)×21cm

되접는 꽃 2

상자 크기 7.8×5.5cm

 ## 칠각 상자 뚜껑 **꽃봉오리, 꽃부리**

이것은 36~38쪽 육각 상자의 [꽃부리, 꽃봉오리]보다 한겹 늘어난 것으로 접는 방법은 같습니다.

★★★ [뚜껑 기본] 74쪽 12번부터

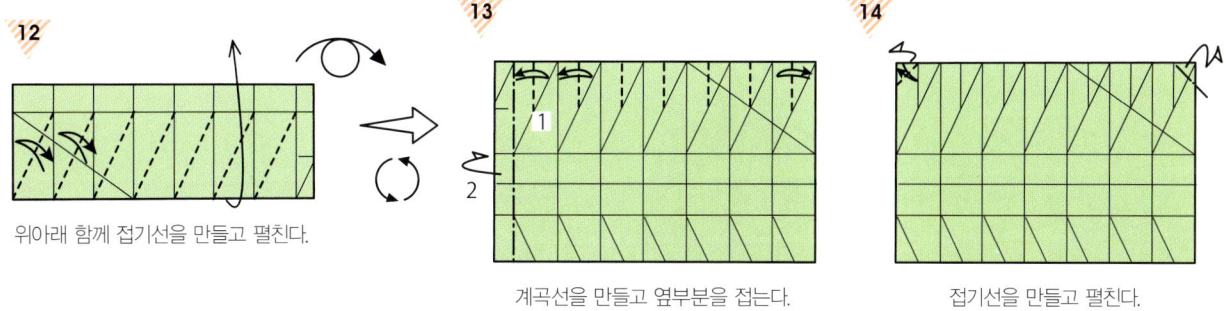

위아래 함께 접기선을 만들고 펼친다.

계곡선을 만들고 옆부분을 접는다.

접기선을 만들고 펼친다.

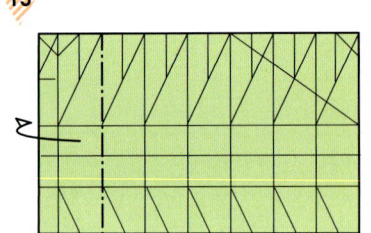

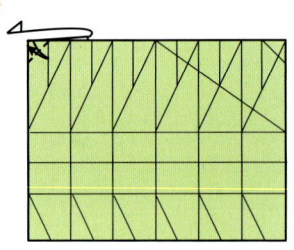

계곡선을 만들고 펼친다.

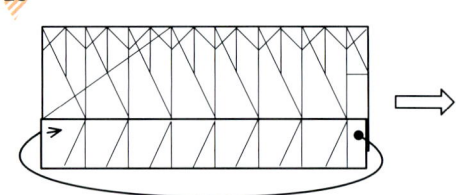

▽ 표시가 된 나머지 다섯 군데를 13, 14번과 같은 방법으로 접는다.

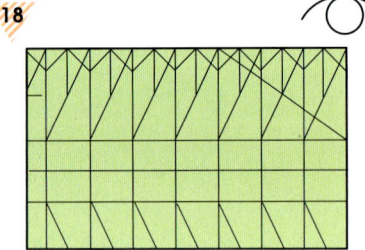

그림과 같은 접기선이 만들어진다.

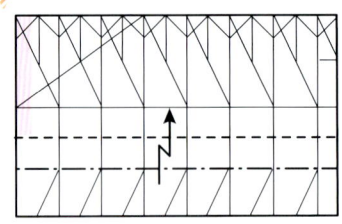

계단접기를 하고 펼친 후 풀칠하는 곳과 겹치는 부분(색칠된 부분)에 풀칠한다.

이하 [뚜껑 기본]의 방법으로 접는다(74쪽 14~25번).

[꽃봉오리]

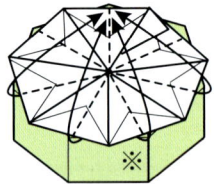

※ 표시는 겹쳐진 부분

7개의 모서리를 모아 중앙으로 세운다.

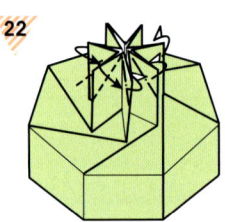

7개의 끝을 접는다.

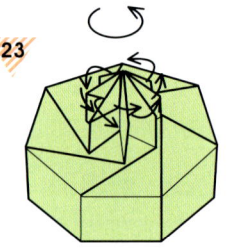

가볍게 비튼다.

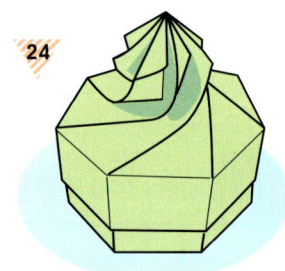

작품의 종이 크기
뚜껑 / (28.5+α)×20cm
본체 / (27.2+α)×23cm

[꽃부리]

★★★ [꽃봉오리] 22번부터

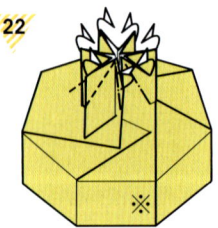

안으로 넣어 접는다.

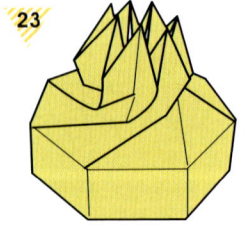

꽃잎의 끝을 바깥쪽으로 젖혀 마무리한다.

작품의 종이 크기
뚜껑 / (29.5+α)×19cm
본체 / (28+α)×21cm

꽃부리 모양의 육·칠·팔각 상자

변의 수만큼 꽃부리가 생깁니다.
육~팔각 모두 같은 방법으로 접습니다.

팔각 상자
상자 크기 8.8×4.3cm
뚜껑의 종이 크기 (27.5+α)×18cm
본체의 종이 크기 (26.5+α)×20cm

육각 상자

칠각 상자
상자 크기 9.3×5cm

PART 3
OCTAGON

팔각형 상자

뚜껑과 본체를 각각 한 장으로 접는 상자입니다. 각의 수가 늘어나면서 모양도 더욱 화려해졌습니다.
우선 A4 용지로 연습을 하고 요령을 익힌 후에 크기를 바꾸거나 마음에 드는 종이로 접어 보세요.
한 변의 폭(L)의 8배와 풀칠하는 곳(α)이 종이의 가로 폭이며, 상자의 깊이를 결정하는 세로 폭(H)은 변의 비를 기준으로 마음에 드는 길이를 찾아봅시다.

【더블 로크 팔각 상자/86쪽】

【팔각 상자 뚜껑 · 되접는 꽃/98쪽】

【팔각 상자 뚜껑 · 되접는 국화꽃/98쪽】

【팔각 상자 뚜껑 · 단추/101쪽】

【팔각 상자 뚜껑 · 겹잎/104쪽】

【팔각 상자 뚜껑 · 사각 단추/106쪽】

【팔각 상자 뚜껑 · 손잡이/108쪽】

【팔각 상자 뚜껑 · 말린 꽃 2/109쪽】

【팔각 상자 뚜껑 · 네 장의 꽃잎/111쪽】

【팔각 상자 뚜껑 · 꽃부리/114쪽】

【팔각 상자 뚜껑 · 산딸나무/117쪽】

【팔각 상자 뚜껑 · 오목한 마름모/119쪽】

【팔각 상자 뚜껑 · 네 개의 굴/121쪽】

【팔각 상자 뚜껑 · 오목한 돔/124쪽】

【볼록한 팔각 상자 본체/127쪽】

【올록볼록 팔각 상자 뚜껑 · 오목한 돔과 볼록한 팔각 상자 본체/127쪽】

【올록볼록 팔각 상자 뚜껑 · 꽃 모양 돔/132쪽】

【올록볼록 팔각 상자 뚜껑 · 뒤집은 꽃 모양 돔/133쪽】

더블 로크 팔각 상자

연습 : A4(210×297mm)를 잘라 사용

상자 크기 9.2×4.8cm

각의 수에 맞춰 주름이 많아졌기 때문에 마무리하기 조금 어려워졌지만, 접는 방법이나 마무리하는 테크닉은 같습니다.

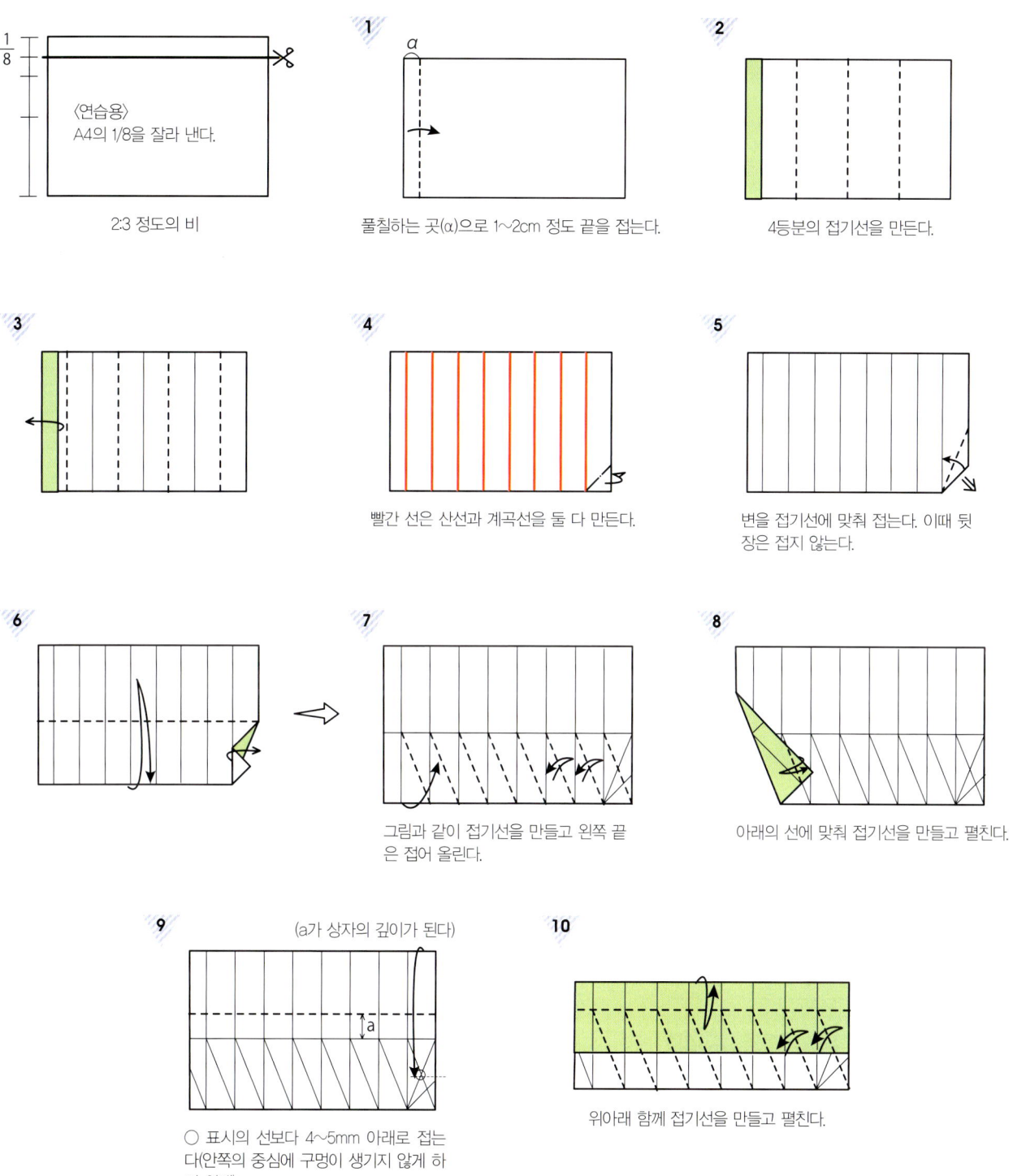

팔각형 상자

Point 종이의 질이나 두께에 따라서는 도구를 사용하면 깔끔하게 완성할 수 있다. 그림과 같이 자와 송곳을 사용해 선을 긋는다.
(※ 87쪽의 따라하기 7번의 선도 이와 같은 방법으로 그으면 좋다.)

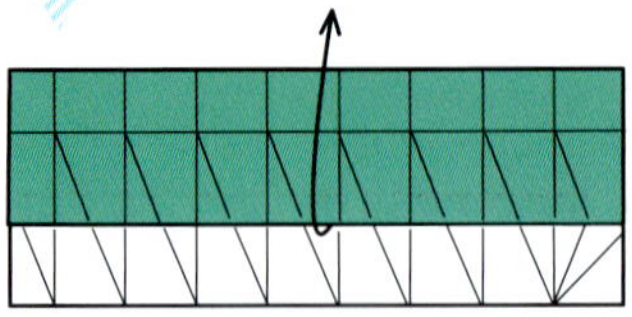

이하, 11번으로 계속

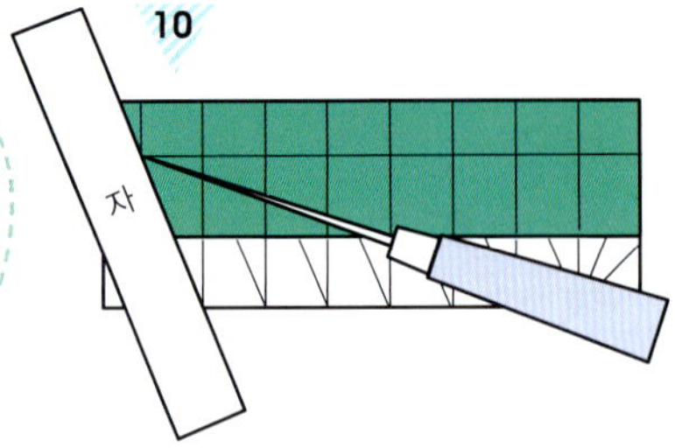

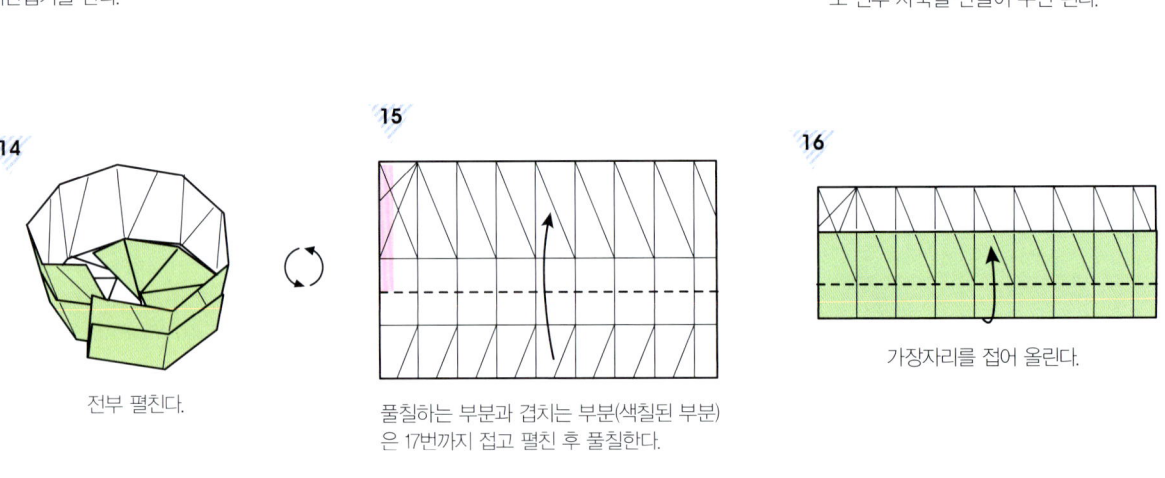

11 1의 산선을 계곡선으로 다시 접고 2는 계단접기를 한다.

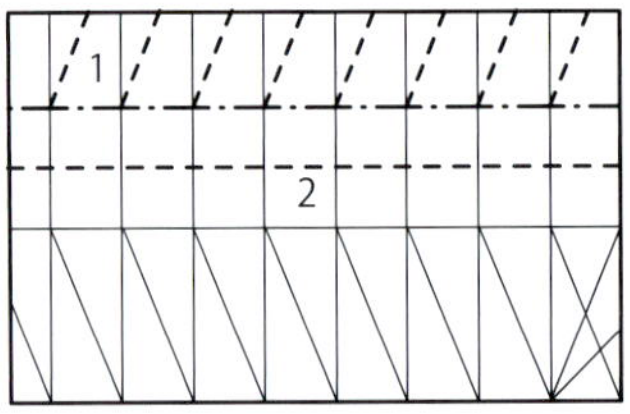

12 주름을 모아 접기선 자국을 만들어 간다.

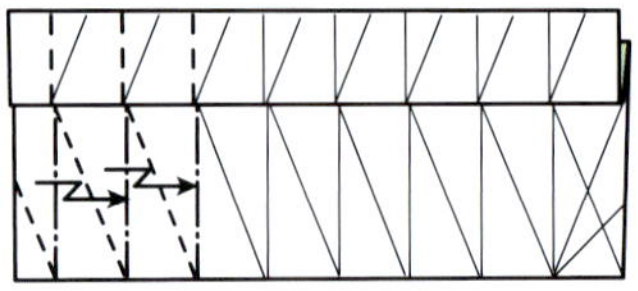

13 순서대로 접는다. 만들기 어려울 때는 주름을 모았다가 다시 원래대로 돌려 놔도 된다. 14번과 같이 만들지 않더라도 전부 자국을 만들어 두면 된다.

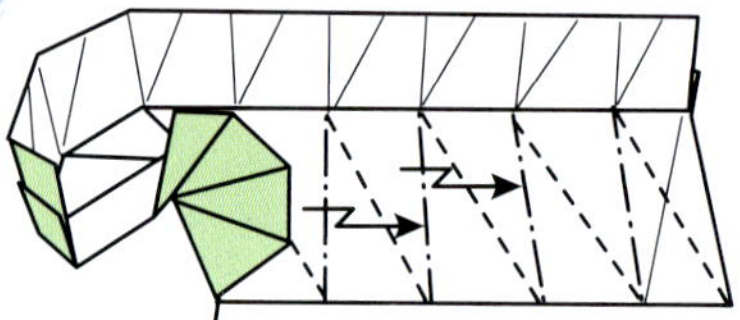

14 전부 펼친다.

15 풀칠하는 부분과 겹치는 부분(색칠된 부분)은 17번까지 접고 펼친 후 풀칠한다.

16 가장자리를 접어 올린다.

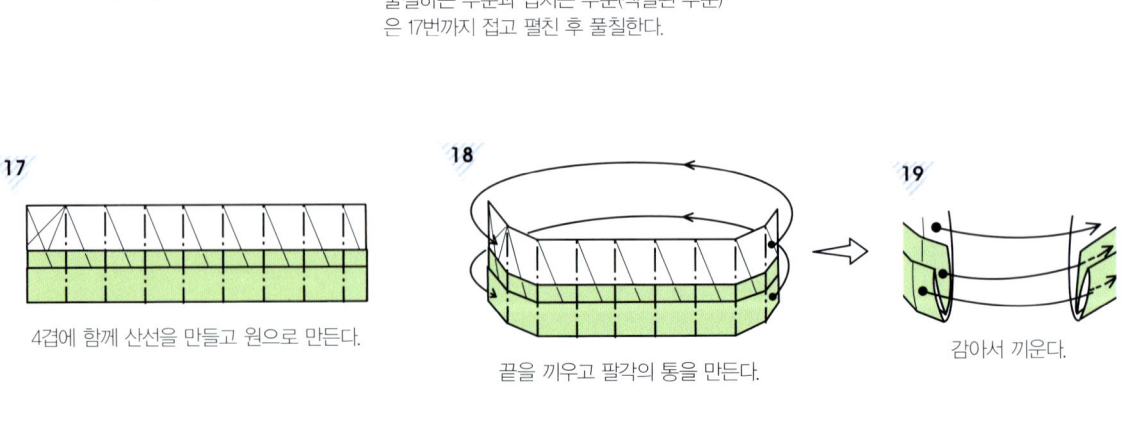

17 4겹에 함께 산선을 만들고 원으로 만든다.

18 끝을 끼우고 팔각의 통을 만든다.

19 감아서 끼운다.

20 위의 주름을 중앙으로 모은 후 비틀면 된다.

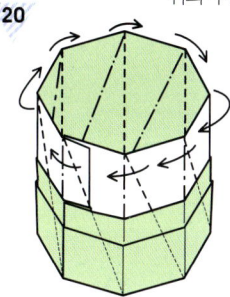

우선 안쪽의 한 장을 비틀어 평평하게 한다. 한 번에 잘 되지 않기 때문에 균등하게 돌리며 자국을 만든 후 마지막으로 평평하게 한다.

※ 자세한 방법은 96쪽의 [더블 로크 팔각 상자의 접기 포인트]를 참조한다.

21

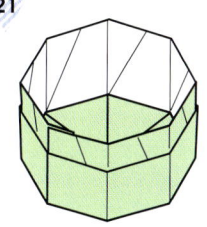

바닥을 평평하게 한 모습

22 안쪽을 위에서 본 그림

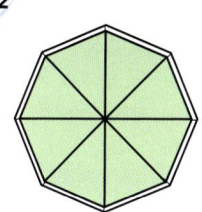

21

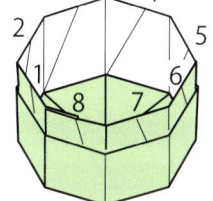

번호순으로 씌우며 바닥에 포개어 간다.

22 안쪽을 위에서 본 그림

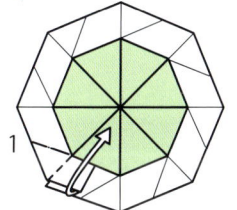

겹친 부분의 좁은 곳부터 씌워 바닥에 포개어 간다.

23

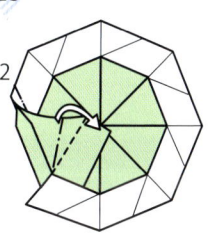

다음 부분을 씌우고 포갠다.

24

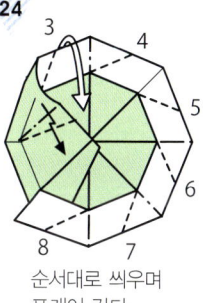

순서대로 씌우며 포개어 간다.

25

마지막으로 색이 짙은 부분을 안으로 끼워 넣는다.

26 27

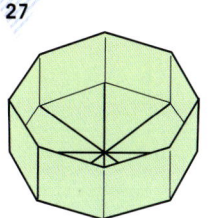

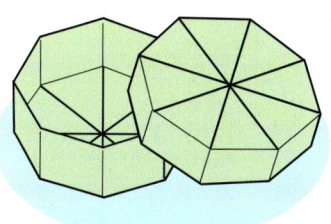

86쪽 작품의 종이 크기
뚜껑 / (28+α)×18cm
본체 / (26.5+α)×21cm

팔각 상자 본체와 뚜껑의 길이

뚜껑과 본체는 오른쪽 그림과 같이 풀칠하는 곳(α)에서 차를 두어도 되고 종이의 크기를 바꿔도 됩니다.
포인트는 L과 H의 길이로, 이것을 가감하여 보다 나은 길이를 찾아봅시다.

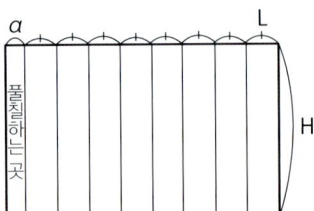

L : 바닥 면적을 결정 – 길수록 커진다
H : 깊이를 결정 – 길수록 깊어진다

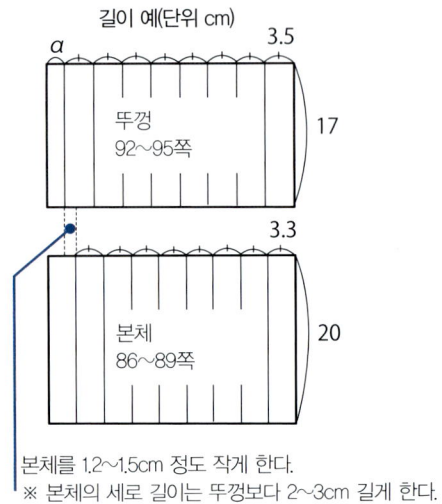

길이 예(단위 cm)

본체를 1.2~1.5cm 정도 작게 한다.
※ 본체의 세로 길이는 뚜껑보다 2~3cm 길게 한다.

팔각 상자 간이 버전

종이가 두꺼운 경우 아래 그림과 같이 접으면 더블 로크의 안쪽을 생략할 수 있습니다. 상황에 맞춰 사용해 주세요.

이하, 87쪽 9번부터

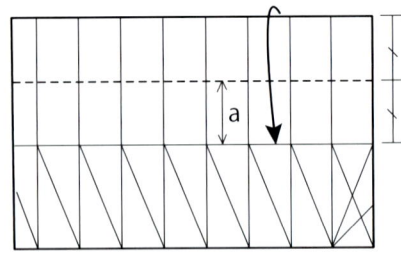

(a가 상자의 깊이가 된다)

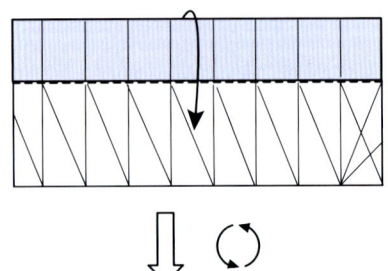

이하, 88쪽 16번부터와 같다.

더블 로크 팔각 상자 모음
팔각형 상자는 거의 둥근 모양으로
심플하고 귀여우며 실용적인 상자입니다.

팔각 상자 뚜껑 기본

연습 : A4(210×297mm)를 잘라 사용

되접는 꽃

상자 크기 7.8×3.5cm

뚜껑은 윗면에 모양을 만들기 위해 풀칠하는 부분을 본체보다 작게 합니다.

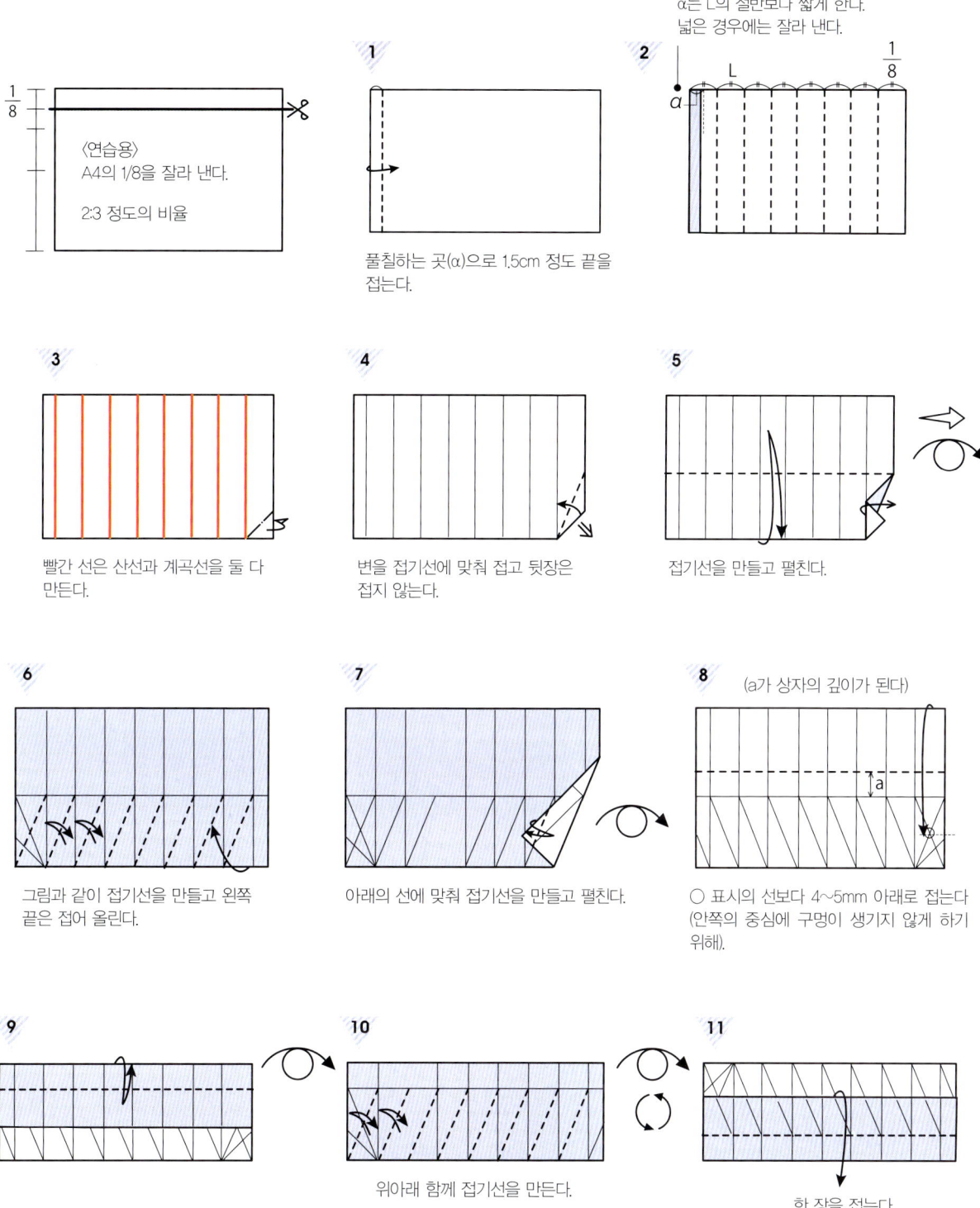

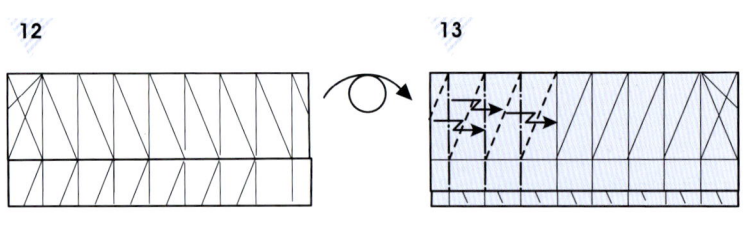
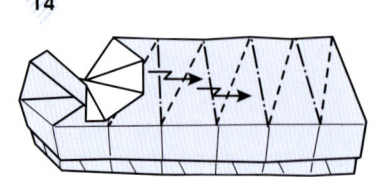

13. 주름을 모아 접기선 자국을 만들어 간다.

14. 순서대로 접는다. 만들기 어려울 때는 주름을 모았다가 다시 원래대로 돌려놔도 된다. 15번과 같이 만들지 않더라도 전부 자국을 만들어 두면 된다.

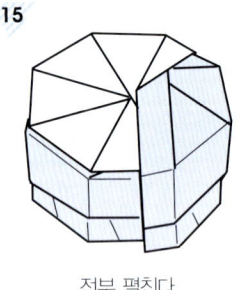

15. 전부 펼친다.

16. 계단접기를 하고 펼친 후 풀칠하는 곳과 겹치는 부분(색칠된 부분)에 풀칠한다.

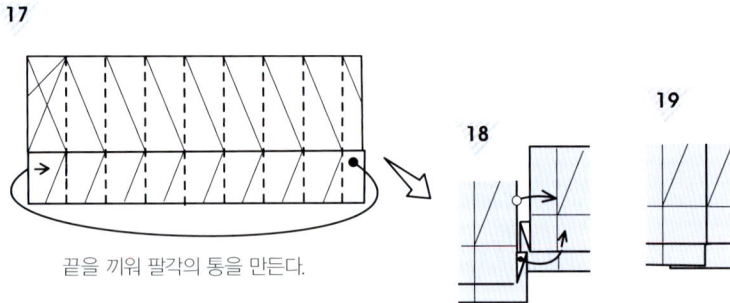

17. 끝을 끼워 팔각의 통을 만든다.

위의 주름을 중앙으로 모은 후 비틀면 된다.

20. 13~15의 접기선을 이용해 윗부분을 비틀어 평평하게 펼친다. 한 번에 잘 되지 않기 때문에 균등하게 돌리며 자국을 만든 후 마지막으로 평평하게 한다.

※ 자세한 방법은 96쪽의 [더블 로크 팔각 상자의 접기 포인트]를 참조한다.

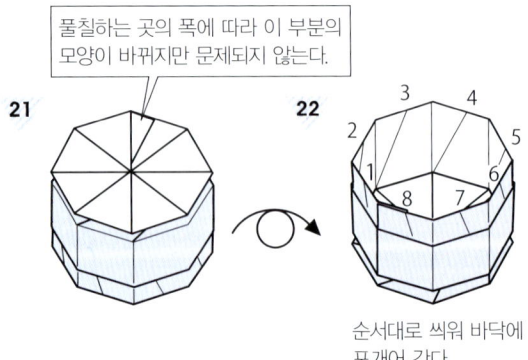

21. 풀칠하는 곳의 폭에 따라 이 부분의 모양이 바뀌지만 문제되지 않는다.

22. 순서대로 씌워 바닥에 포개어 간다.

23 안쪽을 위에서 본 그림

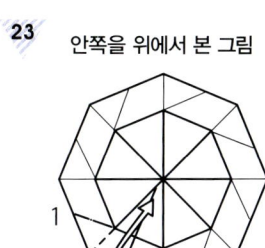

겹친 곳의 좁은 부분부터 씌워 바닥에 포개어 간다.

24

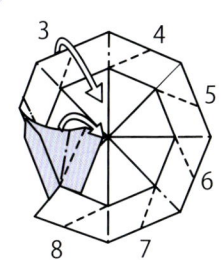

순서대로 씌워 바닥에 포개어 간다.

25

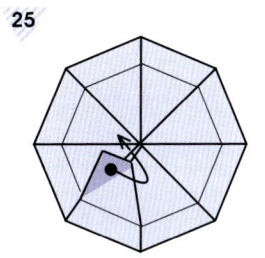

마지막으로 색이 짙은 부분을 안으로 끼워 넣는다.

26 27 [뚜껑 기본]

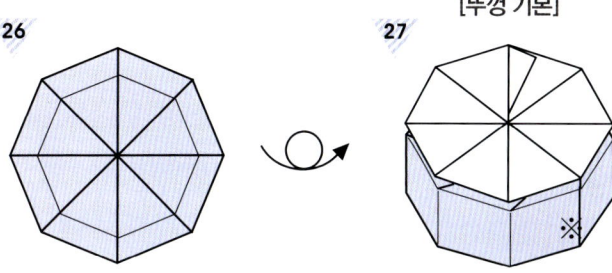

※ 표시는 겹쳐진 부분

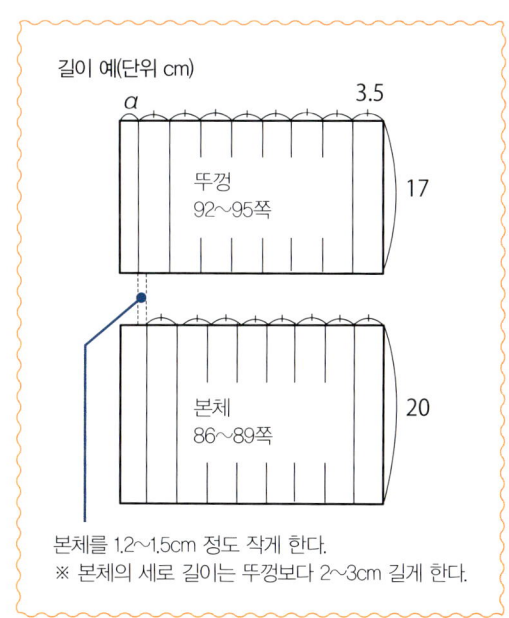

길이 예(단위 cm)

뚜껑 92~95쪽 — 17
본체 86~89쪽 — 20
a, 3.5

본체를 1.2~1.5cm 정도 작게 한다.
※ 본체의 세로 길이는 뚜껑보다 2~3cm 길게 한다.

▲▼ 더블 로크 팔각 상자의 접기 포인트

통으로 만들어 바닥을 펴는 것은 한 번에 잘 되지 않기 때문에 몇 번 정도 접기 자국을 만들면서 반복한 후 윗부분을 비틀어 평평하게 펼칩니다.

[본체]

1. 바닥의 주름을 모아 자국을 만들어 둔다(88쪽 따라하기 12, 13번).

2. 포개면 안쪽에도 방사 형태로 주름이 생긴다.

3. 임시적으로 주름을 잡은 모습(88쪽 따라하기 14번을 바깥쪽 바닥에서 본 모습)

4. 전부 펼치고 풀칠하는 곳을 맞춰 통을 만든다.

5. 접기선 자국을 반복하여 만들면서 위의 주름을 중앙으로 모은다.

6. 손가락을 아래에 두고 비틀면서 아래로 눌러 중앙을 닫는다.

7. 바깥쪽의 바닥이 닫히고 안쪽의 주름이 열린다.

8. 주름을 들어 바깥쪽의 접기선을 확인한다.

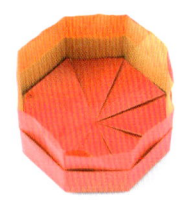
9. 안쪽도 방사 모양으로 주름을 정리하고 평평하게 펼친다.

10. 바깥쪽의 바닥

11. 안쪽의 포개는 방법은 십각 상자(97쪽 10~14번)와 같다.

12. 바닥의 바깥쪽과 안쪽을 이중으로 닫은 본체 완성

[뚜껑]

병이나 통에 씌우면 완성하기 쉽다.

1. 94쪽 20번의 요령으로 주름의 윗부분을 중앙으로 모은다.

2. 중앙을 닫으면서 주름을 정리하고 반시계 방향으로 비튼다.

3. 윗부분을 평평하게 펼치고 모양을 정리한다(이 부분에서 장식을 만든다).

4. 뚜껑의 기본 완성

▲▼ 더블 로크 십각 상자의 접기 포인트

통을 만들어서 바닥을 펼치는 것은 주름이 많은 경우 정리하기 어렵지만 팔각 상자와 각도가 다를 뿐 접는 방법이나 테크닉은 같습니다.

[본체]

1. 바닥의 주름을 접어 자국을 만들어 둔다(140쪽 따라하기 12, 13번).

2. 접으면 안쪽에도 방사 모양으로 주름이 생긴다.

3. 임시적으로 주름을 접은 모습(140쪽 따라하기 14번을 바깥쪽에서 본 모습)

4. 전부 펼치고 풀칠하는 곳을 맞춰 통 모양을 만든다.

5. 접기선 자국을 반복하여 만들면서 위의 주름을 중앙으로 모은다.

6. 손가락을 아래에 두고 주름을 비틀면서 아래로 눌러 중앙을 닫는다.

7. 평평하게 펼쳤다면 종이를 젖혀 바깥쪽 바닥의 접기선을 확인한다.

8. 안쪽도 방사 모양으로 펼치고 주름을 정리한다.

9. 바깥쪽 바닥 모습

10. 안쪽을 풀칠하는 곳의 이음매부터 바닥에 포개어 간다(141쪽 21번~).

11. 이미 만들어져 있는 선을 따라 중앙을 정리하며 포갠다.

12. 마지막 주름까지 접은 모습

13. 마지막 주름을 시작 주름의 아래로 끼워 넣는다.

14. 넣기 어려울 때는 이쑤시개 등으로 시작 주름을 들어 올린다.

15. 바닥의 바깥쪽과 안쪽을 이중으로 닫은 본체 완성

16. 뚜껑은 145~147쪽의 십각 상자 뚜껑 기본 1을 참조한다.

 팔각 상자 뚜껑 **되접는 꽃, 되접는 국화꽃**

[되접는 꽃]

★★★ 94쪽 12번부터

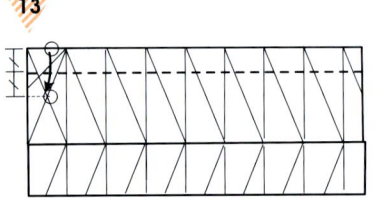

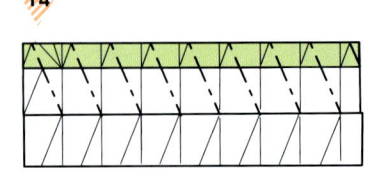

위아래 함께 접기선을 만든다.

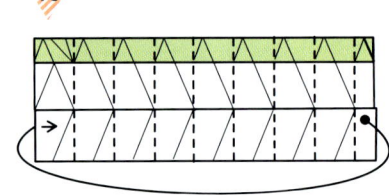

끝을 끼워 팔각의 통 모양을 만든다(풀칠하는 부분은 16번 참조).

위를 비틀어 평평하게 한다.

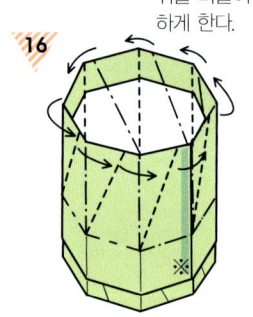

16번에서 색이 짙은 부분의 안쪽을 풀칠한다.

안쪽의 정리 방법은 95쪽과 같다.

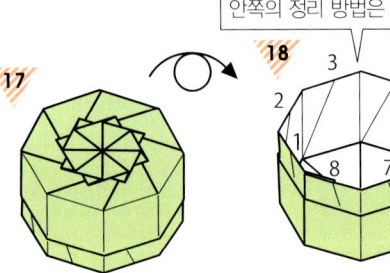

꽃 부분에 되접은 종이의 겉면이 나온다.

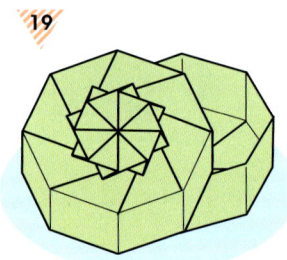

작품의 종이 크기
뚜껑 / (23.5+α)×15.5cm
본체 / (22.5+α)×17cm

[되접는 국화꽃]

★★★ [되접는 꽃] 19번부터

위에서 본 그림

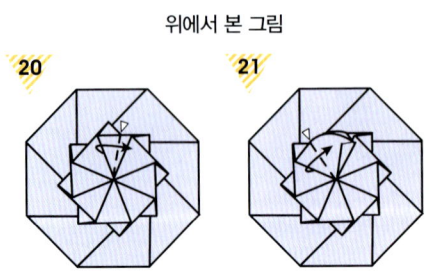

△ 표시 부분에서 주름을 벌린다.

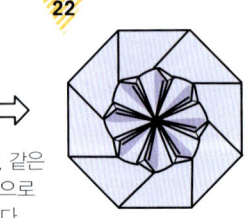

이하, 같은 요령으로 접는다.

꽃잎 모양을 정리한다.

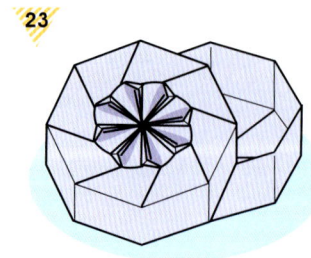

되접는 국화꽃의 육·칠·팔·십각 상자

상자 크기 9.5×6cm
뚜껑의 종이 크기 (29+a)×18.5cm
본체의 종이 크기 (28+a)×23cm

상자 크기 9.7×4.5cm
뚜껑의 종이 크기 (30+a)×19cm
본체의 종이 크기 (28.5+a)×21.5cm

십각 상자

팔각 상자

칠각 상자

상자 크기 7.3×3cm

육각 상자

상자 크기 7×3.2cm

칠각 상자

팔각형 상자

팔각 상자 뚜껑 꽃, 단추, 말린 꽃 1

★★★ 94쪽 16번부터

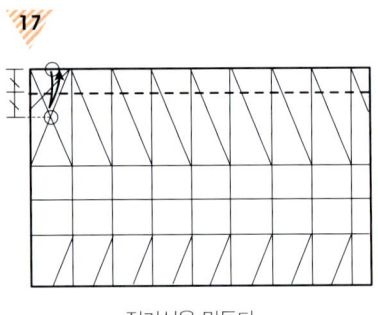

17 접기선을 만든다.

18 계단접기를 하고 펼친 후 풀칠하는 곳과 겹치는 부분(색칠된 부분)에 풀칠한다.

이하, 94쪽 17번부터 [뚜껑 기본]까지 접는다.

19 [뚜껑 기본] 95쪽 27번
중앙에 17번에서 만든 접기선이 나온다.

[꽃]

위에서 본 그림

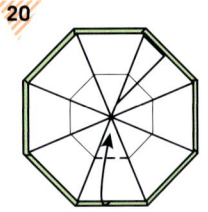
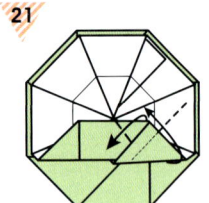
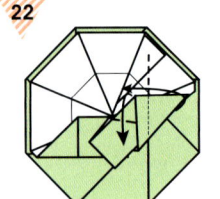
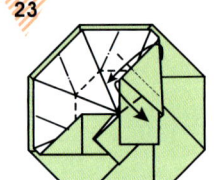
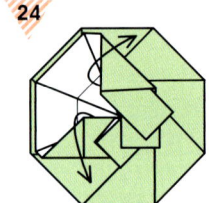

20 중앙으로 가져와 접는다.

21 만들어져 있는 선을 따라 중앙으로 모은 후 주름을 접는다.

22

23

24 펼친다.

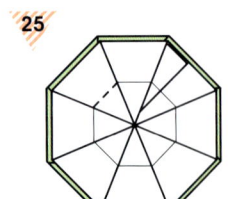
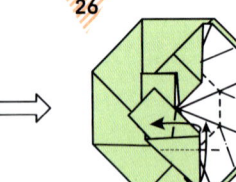
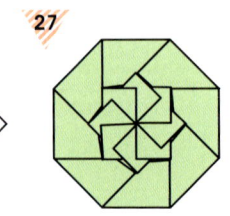
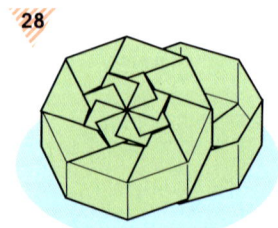

25 아직 접지 않은 부분을 같은 요령으로 순서대로 네 군데 접는다.

26 만들어져 있는 접기선으로 순서대로 중앙에 모은다.

27

28 작품의 종이 크기
뚜껑 / (28+α)×18cm
본체 / (26.5+α)×20cm

[단추]

★★★ [꽃] 27번부터

 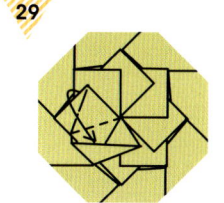 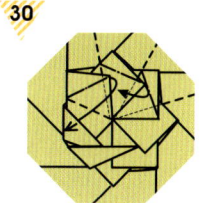

28. 주름을 세우고 종이가 겹치는 부분을 되접는다. 되접은 종이의 끝 부분은 띄워 둔다.

29. 다음도 같은 방법으로 되접고 끝을 끼운다.

30. 같은 요령으로 순서대로 접어 끝을 끼운다. 전부 접기선 자국을 만들고 나서 마지막에 끝을 끼우면 된다.

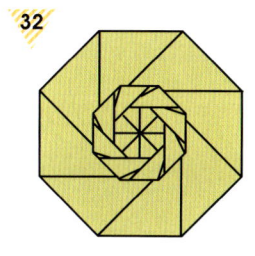 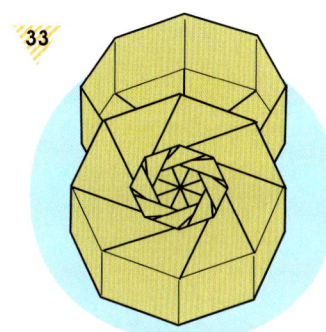

작품의 종이 크기
뚜껑 / (33+α)×21cm
본체 / (31.5+α)×24cm

[말린 꽃 1]

★★★ [꽃] 27번부터

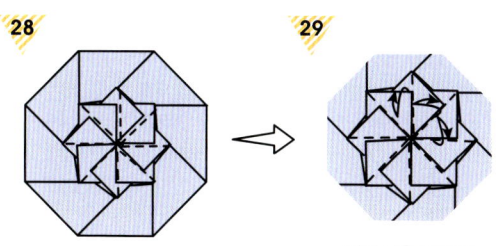 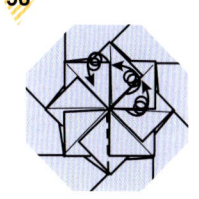 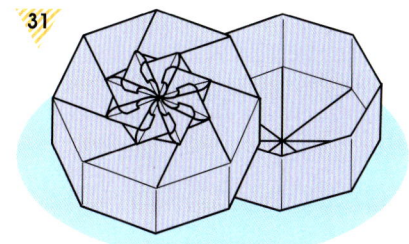

29. 접기선을 만든다.

30. 8개의 끝을 말아 준다.

작품의 종이 크기
뚜껑 / (33+α)×21cm
본체 / (31.5+α)×24cm

단추
상자 크기 10.6×5.2cm

꽃
상자 크기 9.2×4.5cm

말린 꽃1
상자 크기 10.6×5.2cm

팔각 상자 뚜껑 겹꽃, 겹잎

[겹꽃]

★★★ 94쪽 17번부터

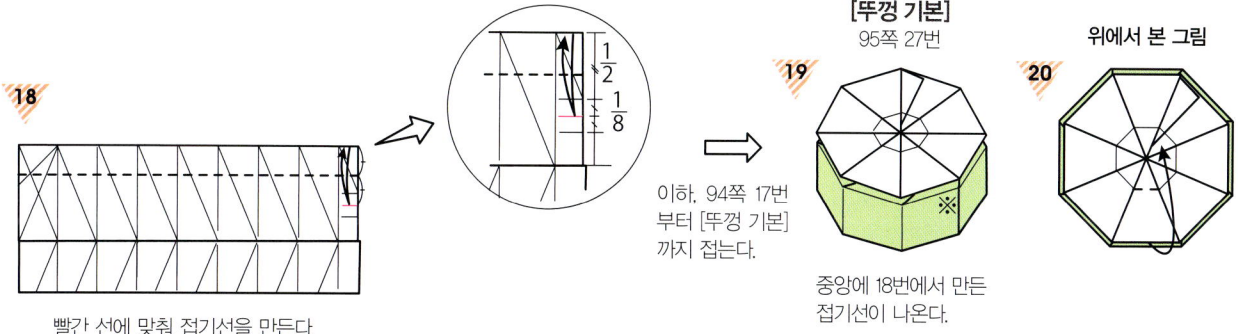

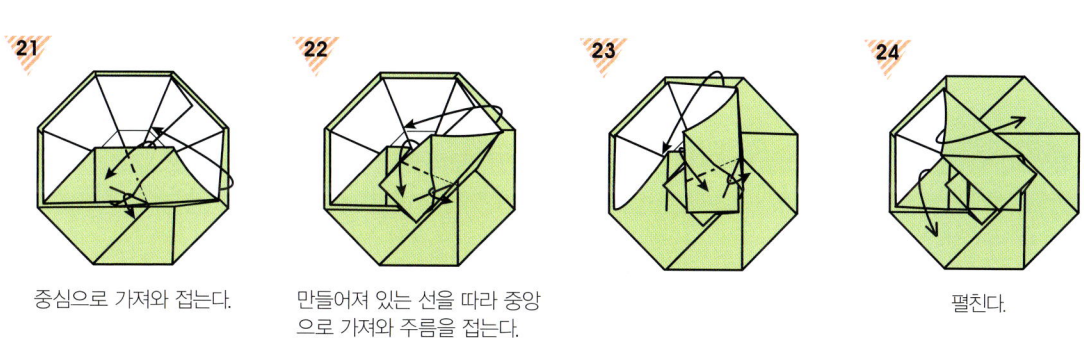

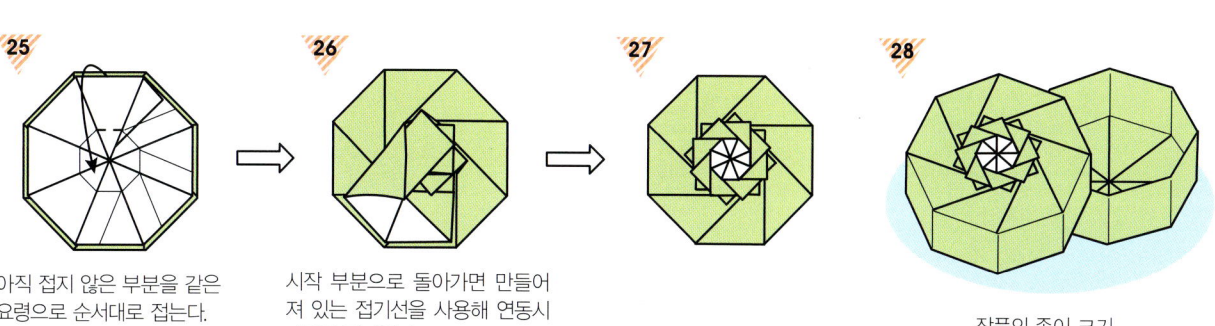

[겹잎]

★★★ [겹꽃] 18번부터

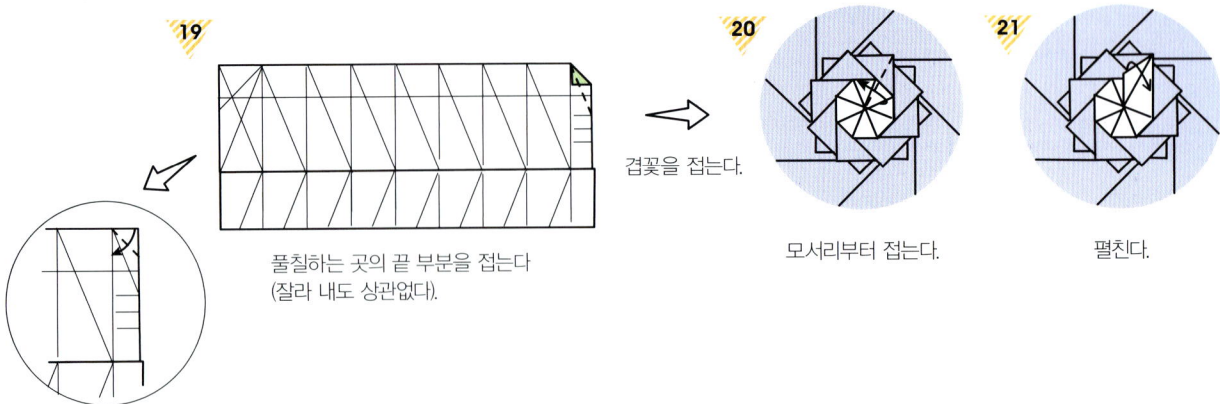

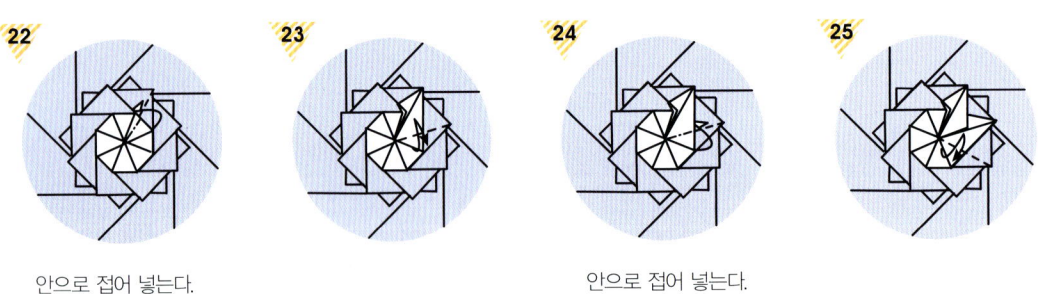

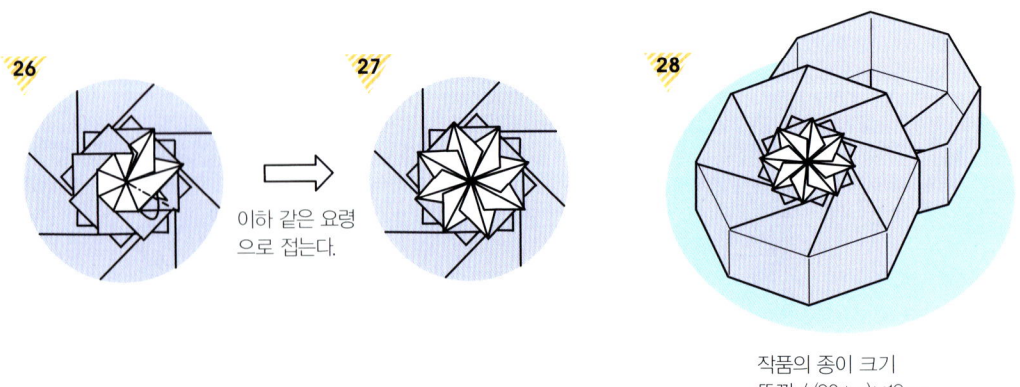

작품의 종이 크기
뚜껑 / (30+α)×19cm
본체 / (28.5+α)×22cm

겹잎

겹꽃

상자 크기 10.4×4.5cm

상자 크기 9.5×4.5cm

 팔각 상자 뚜껑 **사각 단추**

★★★ [뚜껑 기본] 95쪽 27번부터

위에서 본 그림

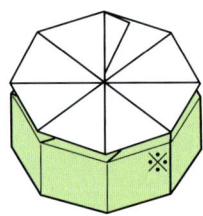
[뚜껑 기본]

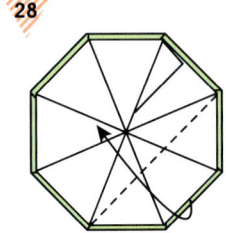
28

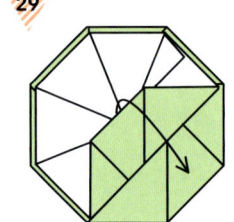
29

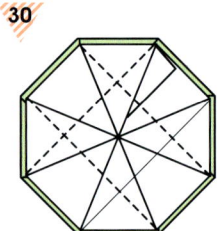
30

같은 요령으로 나머지 세 군데도 접는다.

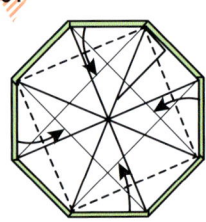
31

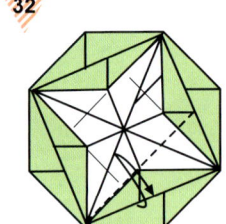
32

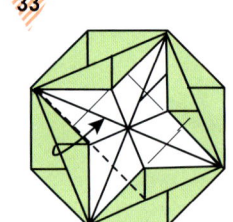
33

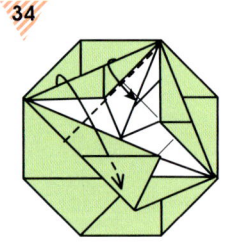
34

접은 후 끝을 끼운다.

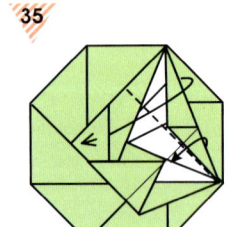
35

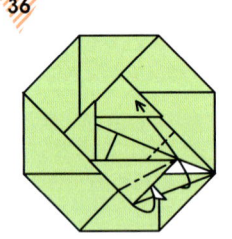
36

네 번째는 안으로 접어 넣고 같은 방법으로 정리한다.

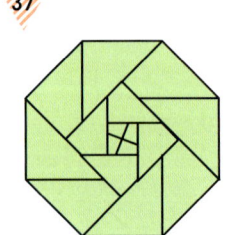
37

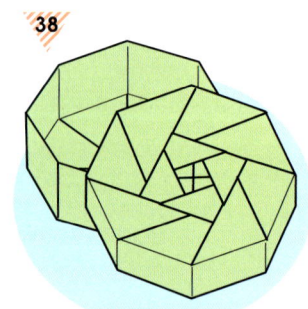
38

작품의 종이 크기
뚜껑 / (29+α)×18cm
본체 / (27.5+α)×20cm

상자 크기 9.5×4.2cm

팔각형 상자

팔각 상자 뚜껑 **손잡이**

★★★ **[뚜껑 기본]** 95쪽 27번부터 단, 16번에서 풀칠하는 곳 윗부분에 풀칠을 하지 않고 그대로 둔다.

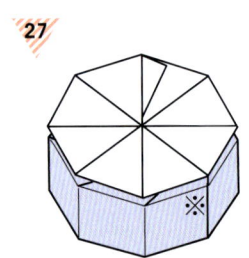
27

28 위에서 본 그림

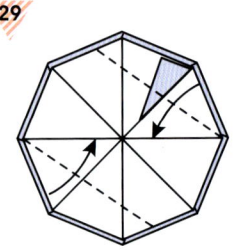
29

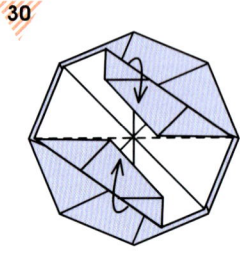
30

손잡이 부분을 세운다.

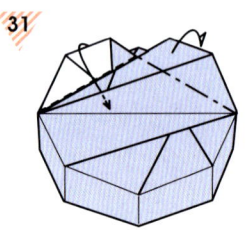
31

사이에 끼워 넣어 고정시킨다.

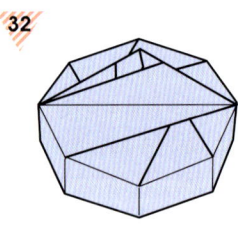
32

상자 크기 9.4×6.4cm

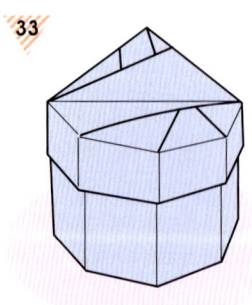
33

작품의 종이 크기
뚜껑 / (29+α)×18cm
본체 / (27.5+α)×25cm

팔각 상자 뚜껑 **말린 꽃 2**

★★★ [뚜껑 기본] **95쪽 27번부터**   단. 16번에서 풀칠하는 곳 윗부분에 풀칠하지 않고 그대로 둔다.

위에서 본 그림

27 **28** 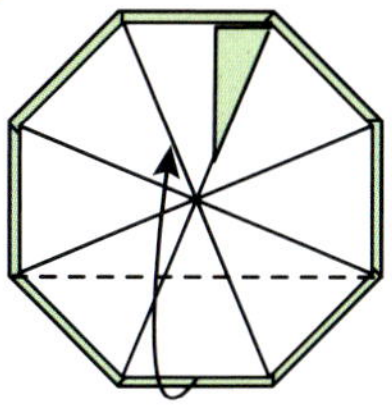 **29** 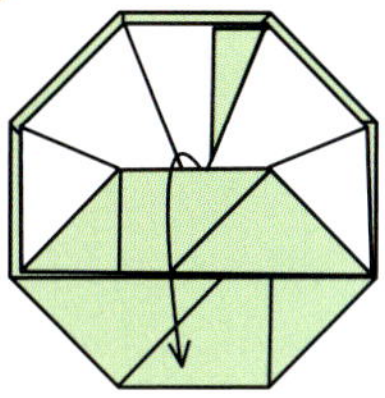 펼친다. **30** 같은 요령으로 나머지 세 군데를 접는다.

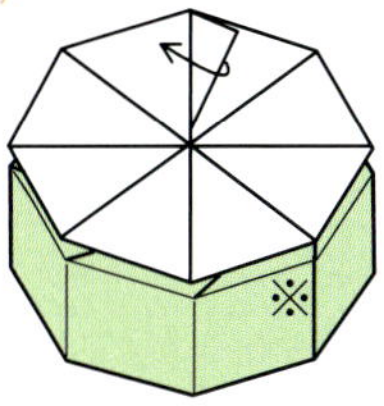

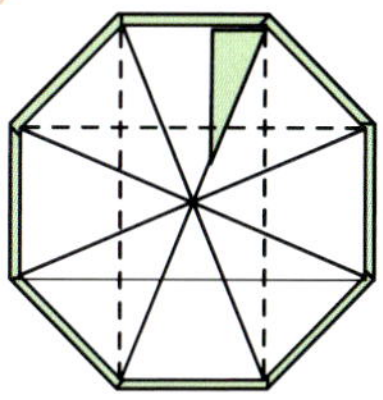

31 **32** 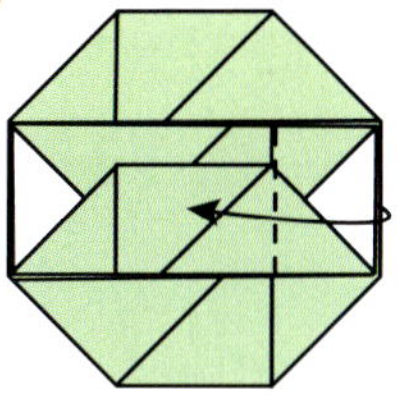 **33** 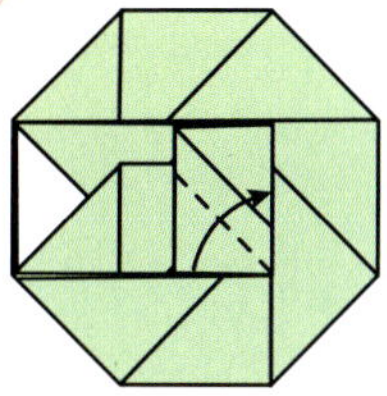 **34**

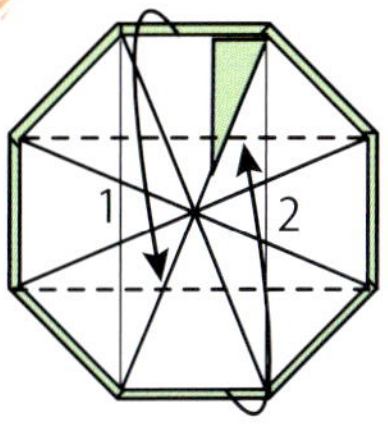

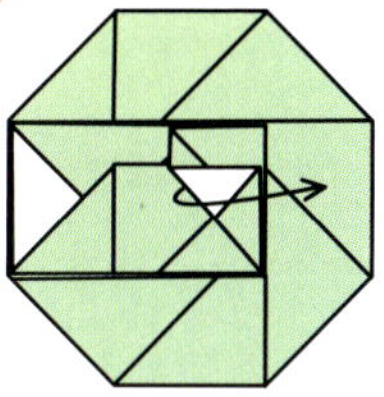

35 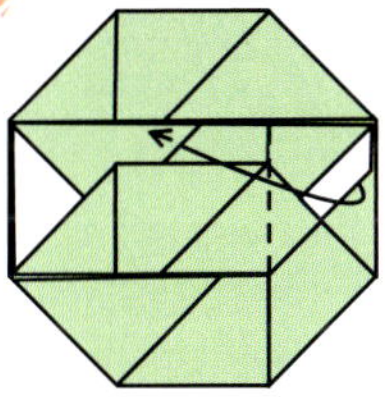 끝을 끼운다. **36** **37** 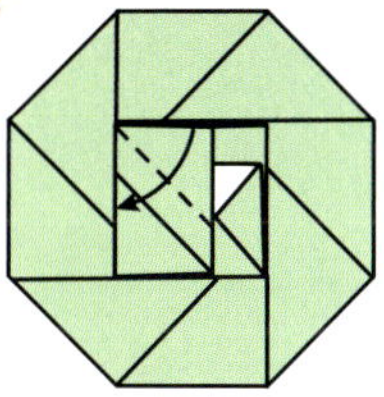 **38** 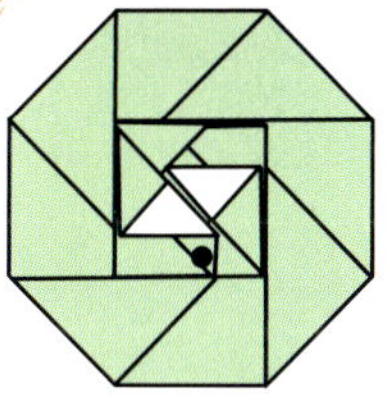 아래의 삼각에 ● 표시된 끝을 끼운다.

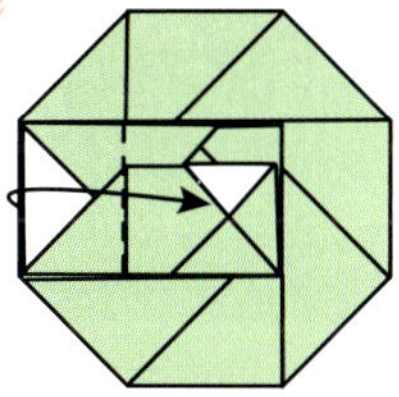

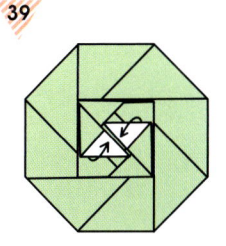
주름을 세운다.

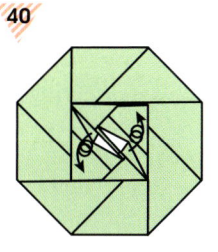
주름을 바깥쪽으로 만다.

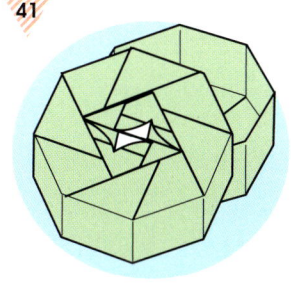

작품의 종이 크기
뚜껑 / (28.5+α)×19cm
본체 / (27.2+α)×21cm

상자 크기 9.2×4.5cm

 팔각 상자 뚜껑 **네 장의 꽃잎**

★★★ [뚜껑 기본] 95쪽 27번부터

위에서 본 그림

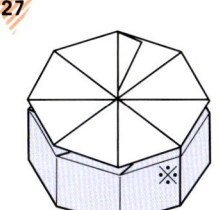
27

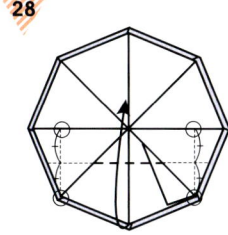
28

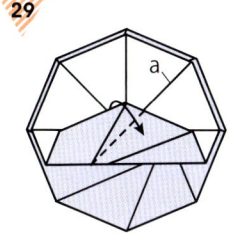
29

a의 선에 맞춰 확실히 되접는다.

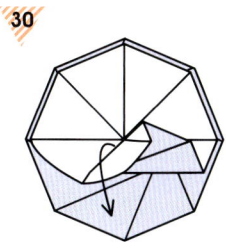
30

펼친다.

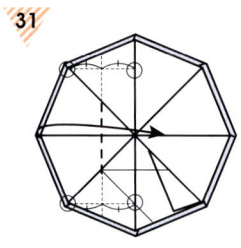
31

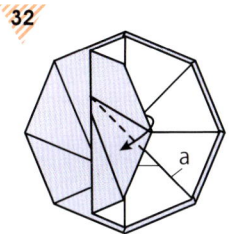
32

a의 선에 맞춰 되접는다.

○ 표시의 바깥쪽 꽃잎을 계곡선으로 접고, 지금까지 만든 접기선대로 중앙으로 모아 비튼다.

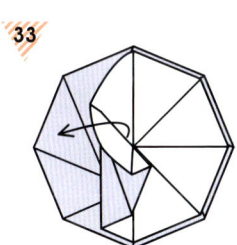
33

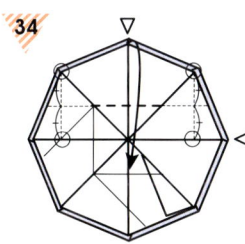
34

나머지 두 군데도 28~33번과 같은 방법으로 접는다.

35

●●가 안쪽 꽃잎.
○가 바깥쪽 꽃잎이 된다(36번 참조).

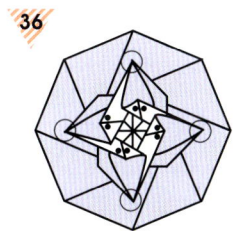
36

중앙으로 모아 닫는다.

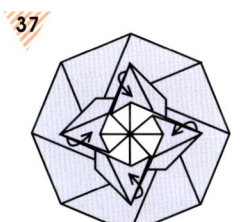
37

꽃잎을 세운다.

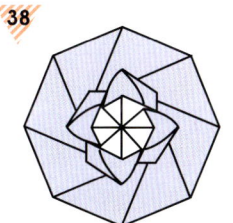
38

심 부분에 8장, 바깥쪽에 4장의 꽃잎이 생긴다.

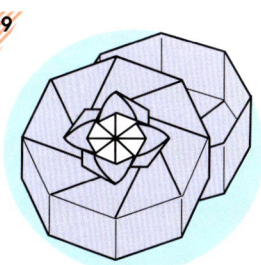
39

작품의 종이 크기
뚜껑 / (28.5+α)×19cm
본체 / (27.2+α)×21cm

상자 크기 9.3×4.5cm

팔각 상자 뚜껑 **꽃부리, 꽃봉오리**

★★★ 93쪽 11번부터

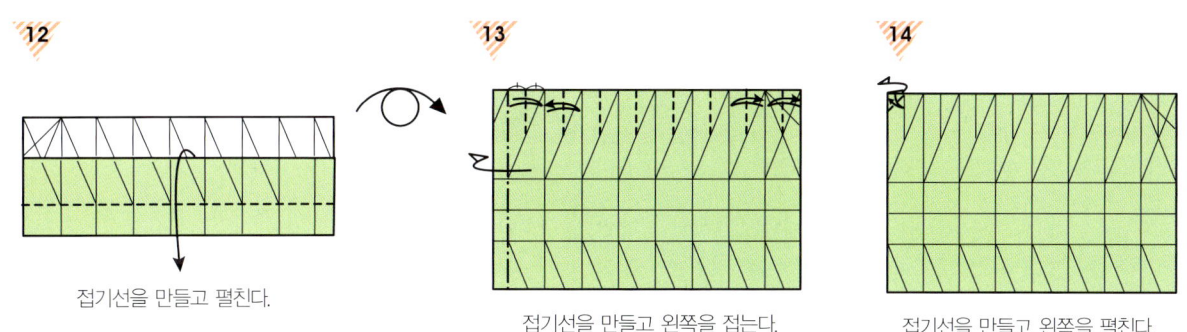

12 접기선을 만들고 펼친다.

13 접기선을 만들고 왼쪽을 접는다.

14 접기선을 만들고 왼쪽을 펼친다.

15 접기선을 만들고 펼친다.

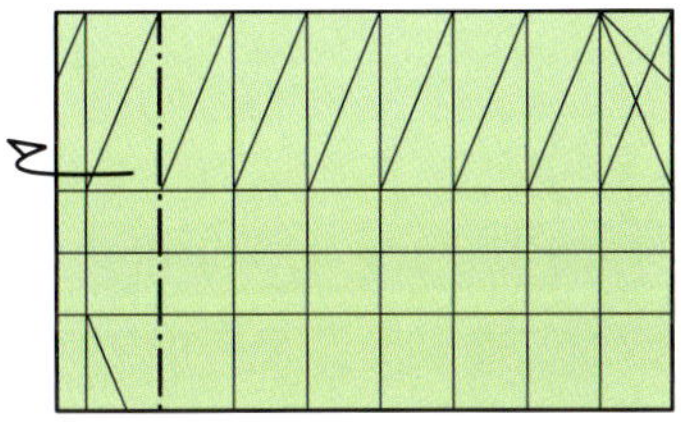

16

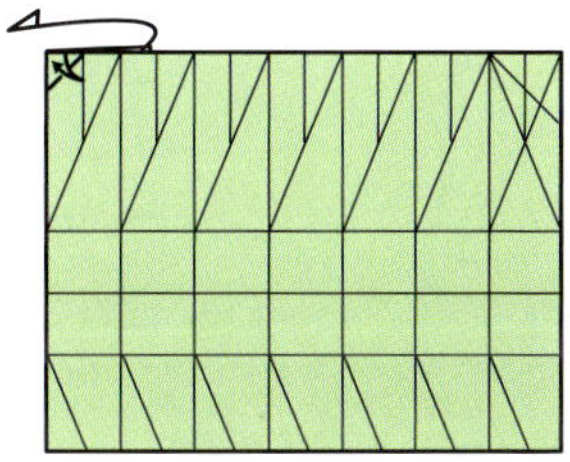

17 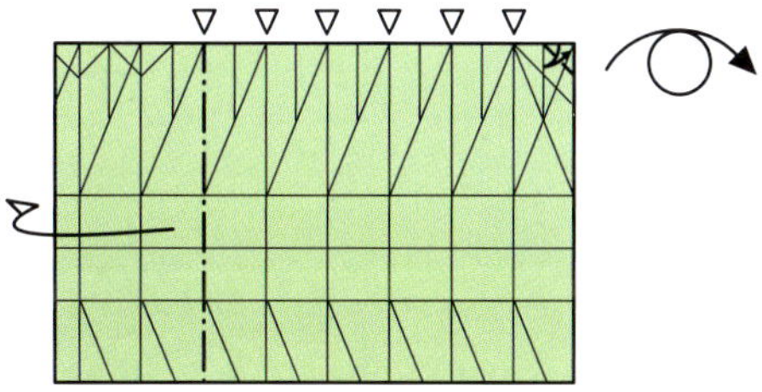 ▽ 표시의 나머지 여섯 군데를 14, 15번과 같은 방법으로 접는다.

18 계단접기를 하고 펼친 후 풀칠하는 곳과 겹치는 부분(색칠된 부분)에 풀칠한다.

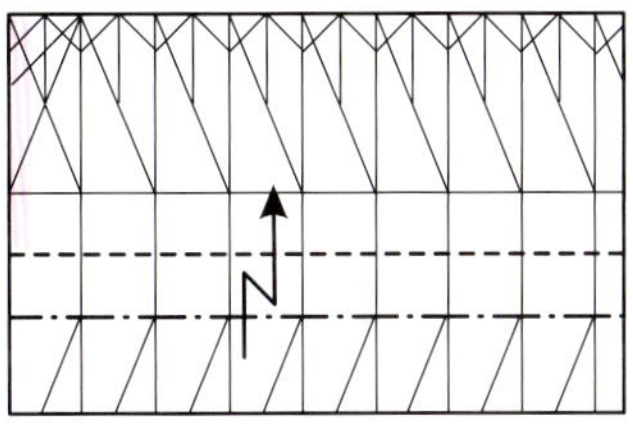

19 끝을 끼우고 팔각의 통을 만든다.

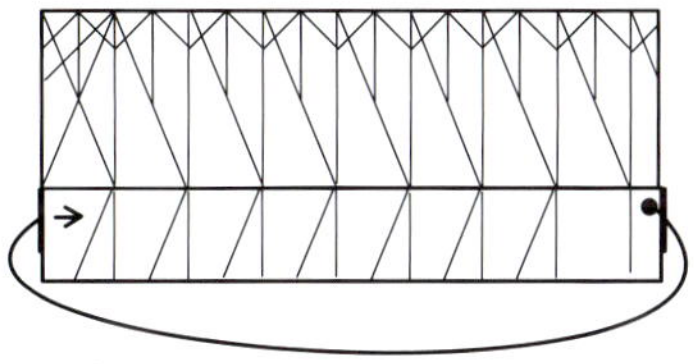

이하, 94쪽 18번부터 [뚜껑 기본]까지 접는다.

20 8개의 변을 모아 중앙으로 세운다.

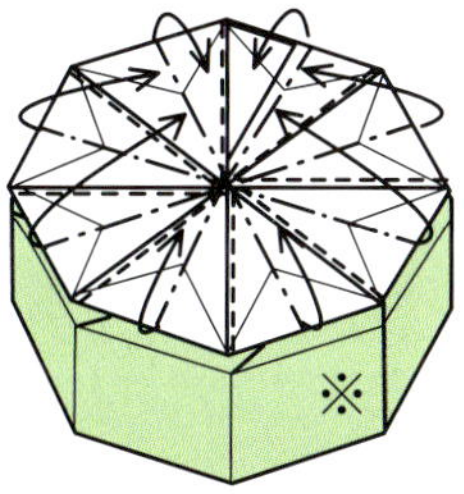

※ 표시는 겹쳐진 부분

팔각형 상자

[꽃부리]

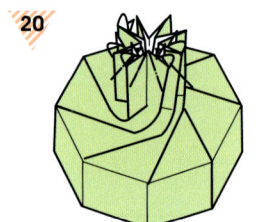

20 8개의 끝을 안으로 접어 넣는다.

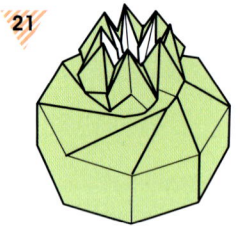

21 꽃잎의 끝을 바깥쪽으로 젖혀 정리한다.

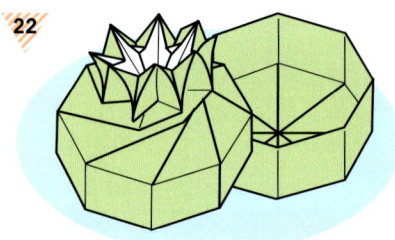

22

종이 크기 예
뚜껑 / (29+α)×18cm
본체 / (27.5+α)×25cm

상자 크기 8.5×5.3cm
뚜껑의 종이 크기 (27.5+α)×17.5cm
본체의 종이 크기 (26.2+α)×22.5cm

[꽃봉오리]

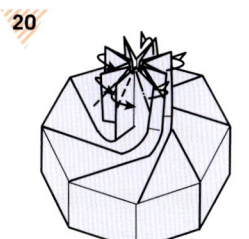 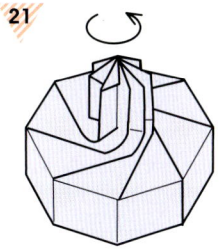 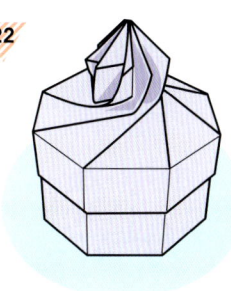

20 8개의 끝을 접어 고정시킨다.

21 가볍게 비튼다.

작품의 종이 크기
뚜껑 / (24.5+α)×16cm
본체 / (23.5+α)×22cm

상자 크기 8×6.3cm

팔각형 상자

팔각 상자 뚜껑 **산딸나무, 회전목마**

★★★ 93쪽 11번부터

11 전부 펼친다.

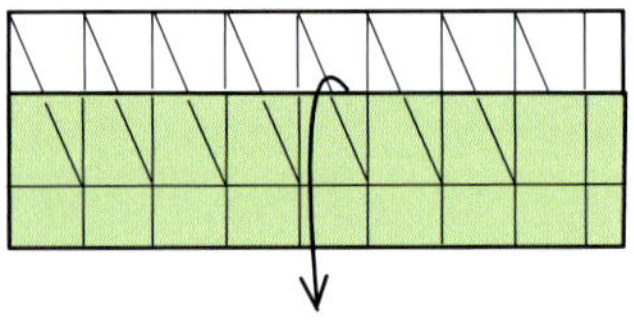

12

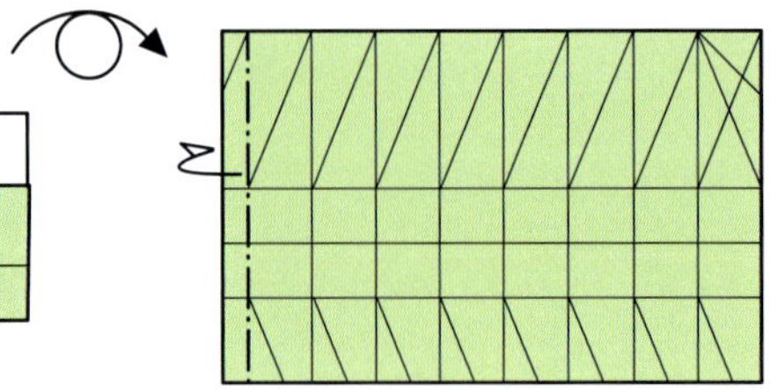

13 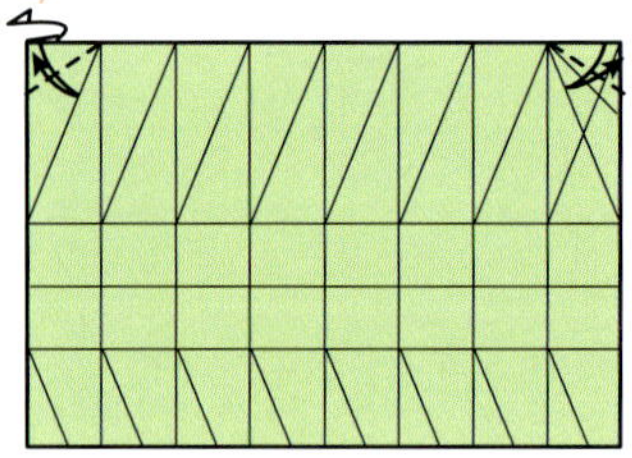 접기선을 만들고 왼쪽을 펼친다.

14

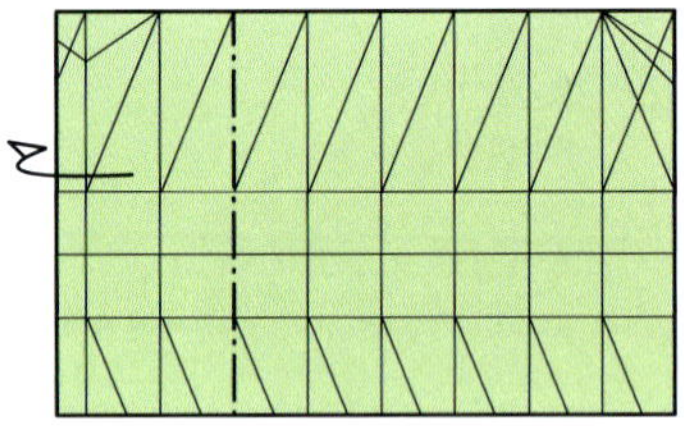

15 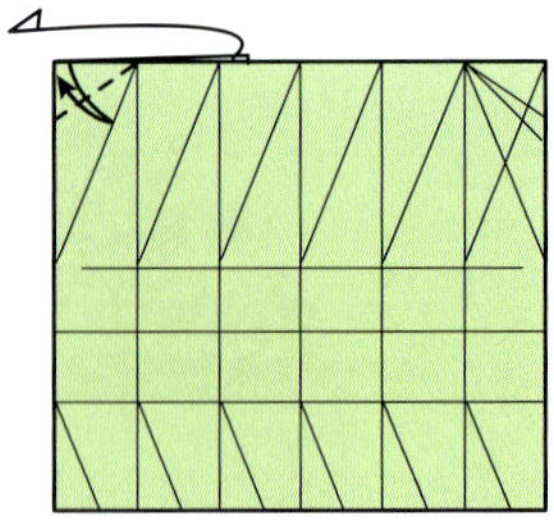 접기선을 만들고 왼쪽을 펼친다.

16 나머지 두 군데를 15, 16번과 같은 방법으로 접는다.

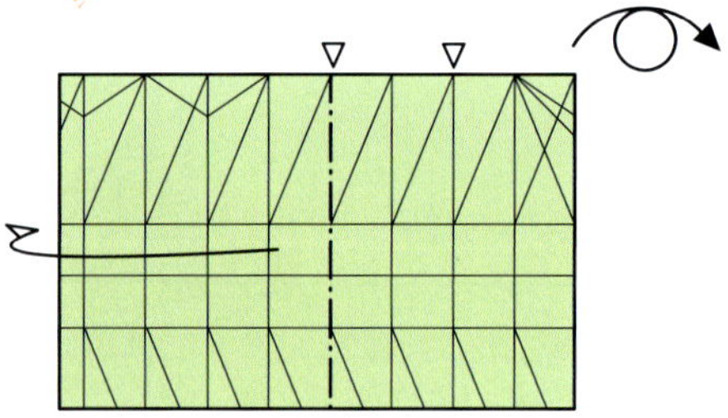

17

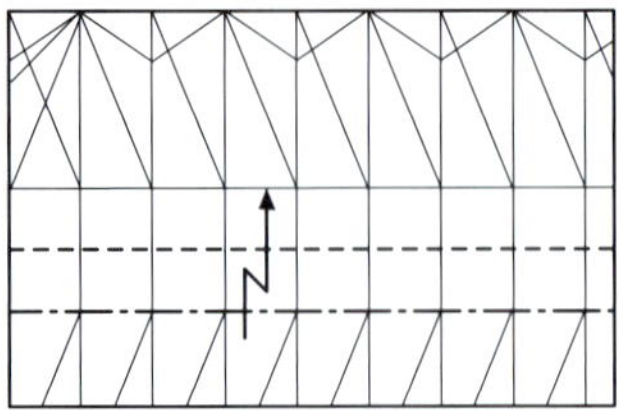

18

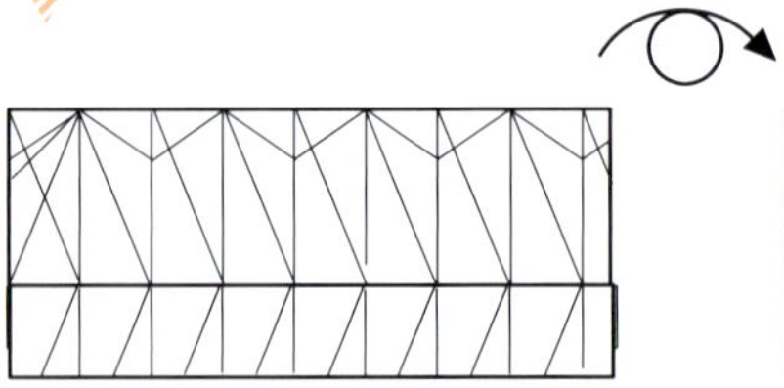

19 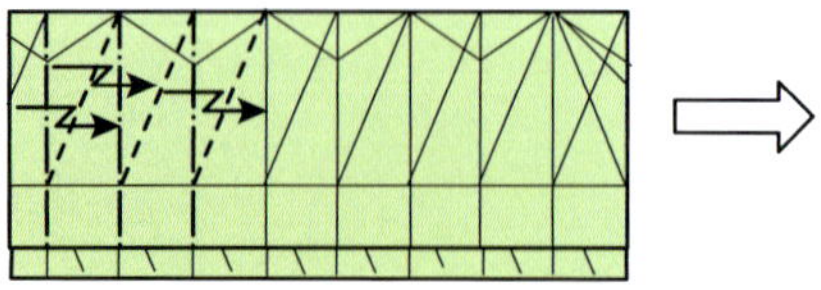 이하, 94쪽 14번부터 27번 [뚜껑 기본]까지 접는다.

[산딸나무]

20 네 개의 모서리를 모아 중앙에 세운다.

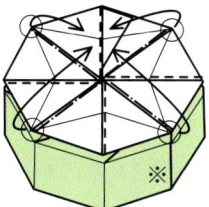

※ 표시는 겹쳐진 부분 ○ 표시가 꽃잎의 끝이 된다.

21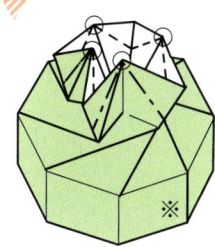

접기선을 만들고 안으로 접어 넣는다.

22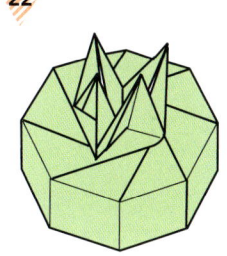

꽃잎을 만다.

23

작품의 종이 크기
뚜껑 / (27.5+α)×18cm
본체 / (26.3+α)×23cm

[회전목마]

★★★ [산딸나무] 20번부터

21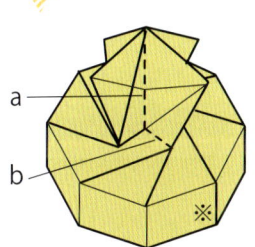

꼭짓점을 맞추고 a와 b의 선을 각각 4개 확실히 만든다.

22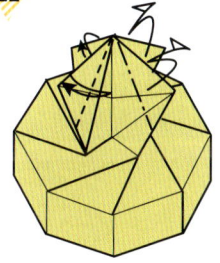

중앙에 맞춰 절반의 각도로 접기선을 만든다.

23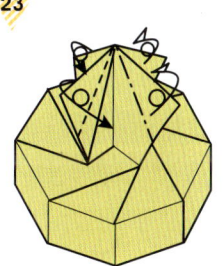

22번의 선까지 네 개의 주름을 만다.

24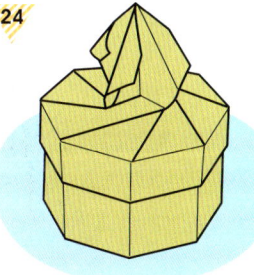

종이 크기 예
뚜껑 / (26.5+α)×18cm
본체 / (25.2+α)×24cm

상자 크기 9×5.8cm

올록볼록 팔각 상자 뚜껑 **오목한 마름모**

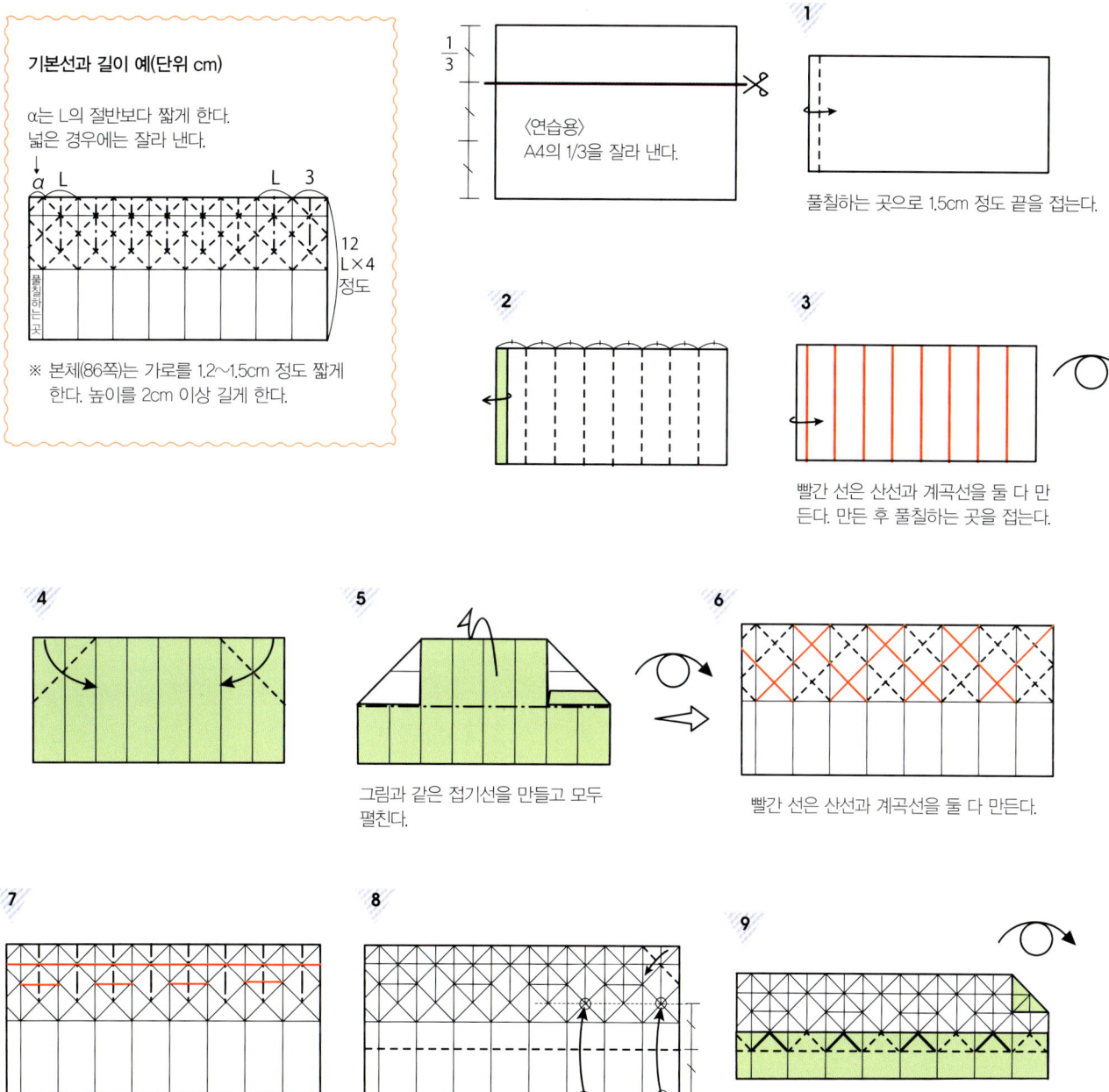

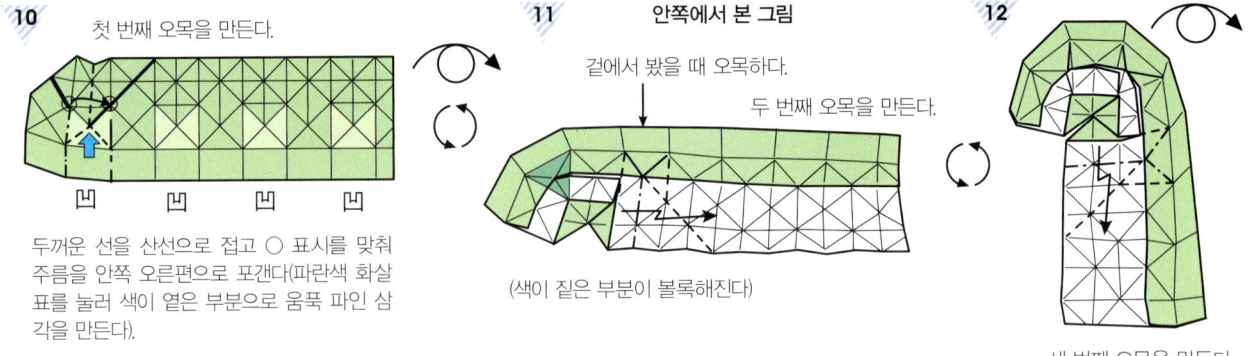

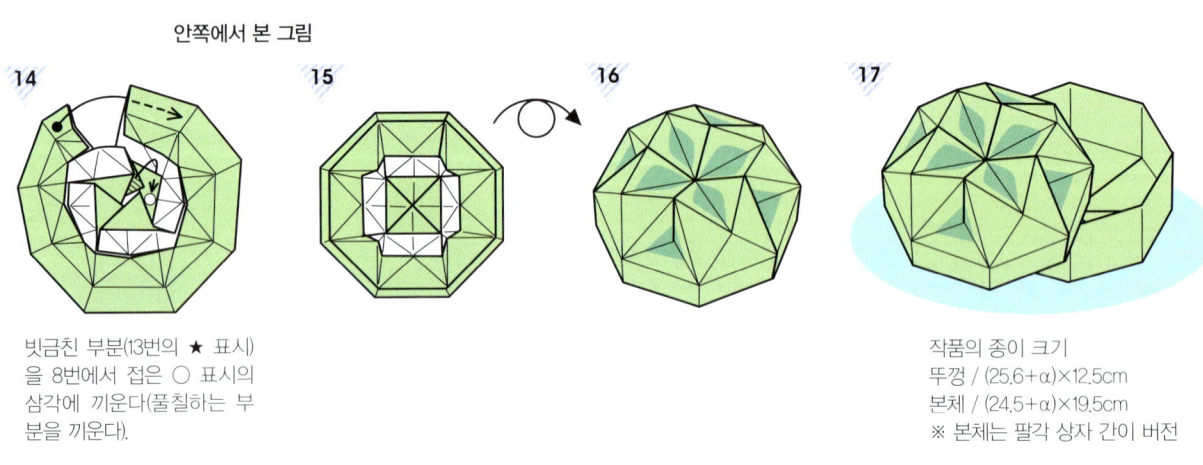

 올록볼록 팔각 상자 뚜껑 **네 개의 굴**

[오목한 마름모]의 오목과 볼록을 바꾸면 [네 개의 굴]이 됩니다. 완성 작품에 선이 나타나지 않도록 하기 위해, [오목한 마름모]와는 접기 선을 조금 다르게 만듭니다.

★★★ 119쪽 6번부터

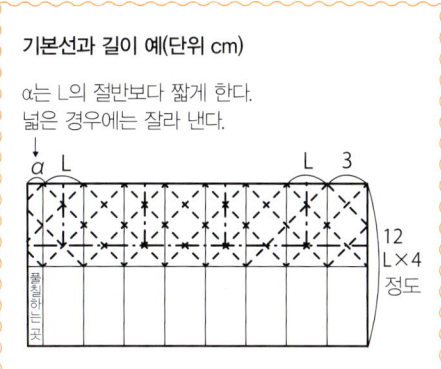

기본선과 길이 예(단위 cm)

α는 L의 절반보다 짧게 한다.
넓은 경우에는 잘라 낸다.

※ 본체(86쪽)는 가로를 1.2~1.5cm 정도 짧게 한다. 높이를 2cm 이상 길게 한다.

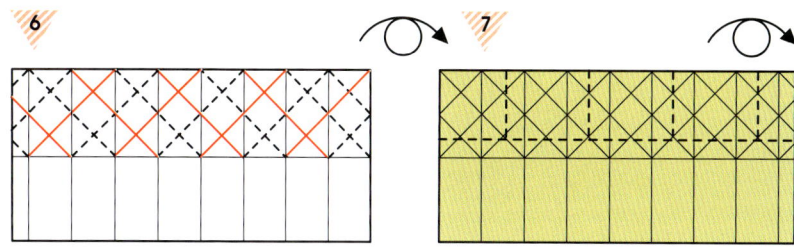

6. 빨간 선은 산선과 계곡선을 둘 다 접는다.

7.

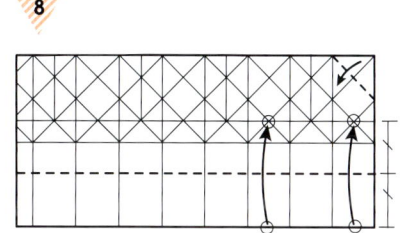

8.

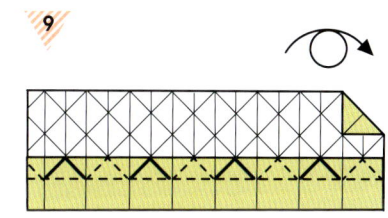

9. 두꺼운 선(오목해지는 부분)은 산선을 접는다.

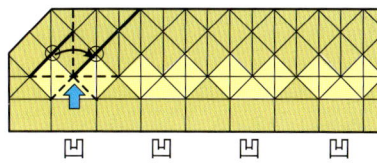

10. 첫 번째 사다리꼴 오목을 만든다(모양은 완성 그림의 16번을 참조).

두꺼운 선을 산선으로 접고 ○ 표시를 맞춰 주름을 안쪽 오른편으로 접는다(파란색 화살표를 눌러 색이 옅은 부분으로 움푹 들어간 삼각을 만든다).

11. 안쪽에서 본 그림
두 번째 사다리꼴 오목을 만든다(바깥에서 보고).

(색이 짙은 부분이 사다리꼴 모양으로 볼록해져 있다)

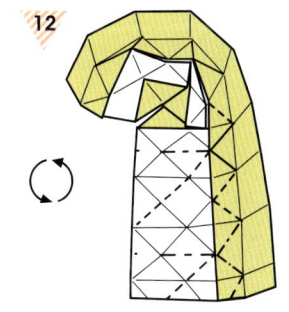

12. 세 번째와 네 번째 사다리꼴 오목을 만든다.

11 -1 11번을 바깥에서 본 그림   **12 -1** 12번을 바깥에서 본 그림

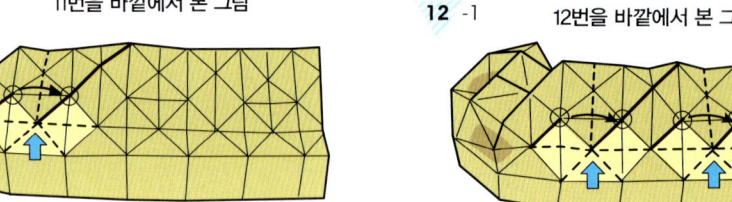

세 번째와 네 번째 사다리꼴 오목을 만든다.

안쪽에서 본 그림

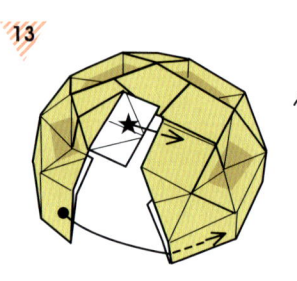 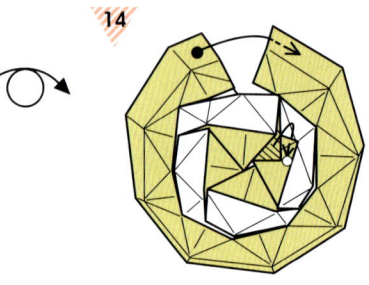 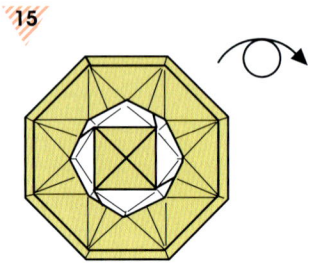

★ 표시를 안으로 넣고 풀칠하는 부분을 끼운다.

빗금친 부분을 3번에서 접은 ○ 표시의 삼각에 끼운다(○ 표시의 삼각으로 빗금친 부분을 감싼다).

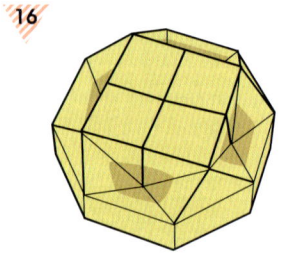 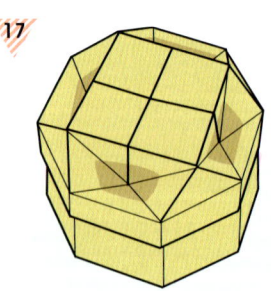

작품의 종이 크기
뚜껑 / (25.6+α)×13cm
본체 / (24.5+α)×20cm

상자 크기 8.3×5.8cm

오목한 마름모

상자 크기 8×6.4cm

네 개의 굴

* 123 *
팔각형 상자

 올록볼록 팔각 상자 뚜껑 **오목한 돔**

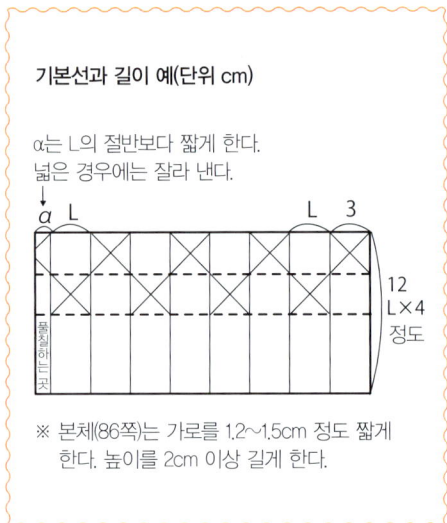

기본선과 길이 예(단위 cm)

α는 L의 절반보다 짧게 한다.
넓은 경우에는 잘라 낸다.

※ 본체(86쪽)는 가로를 1.2~1.5cm 정도 짧게 한다. 높이를 2cm 이상 길게 한다.

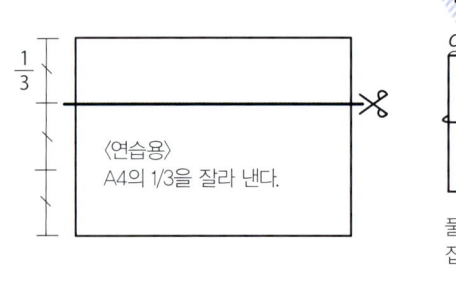

〈연습용〉 A4의 1/3을 잘라 낸다.

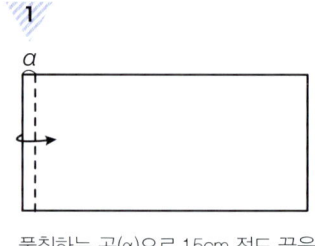

1. 풀칠하는 곳(α)으로 1.5cm 정도 끝을 접는다.

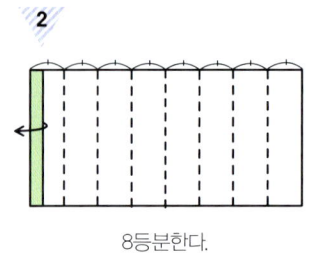

2. 8등분한다.

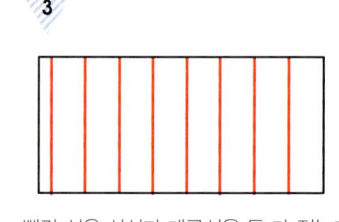

3. 빨간 선은 산선과 계곡선을 둘 다 접는다.

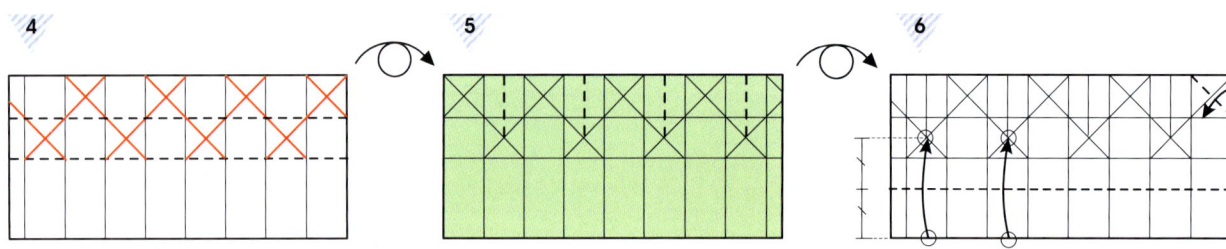

4. 빨간 선은 산선과 계곡선을 둘 다 접는다.

5.

6.

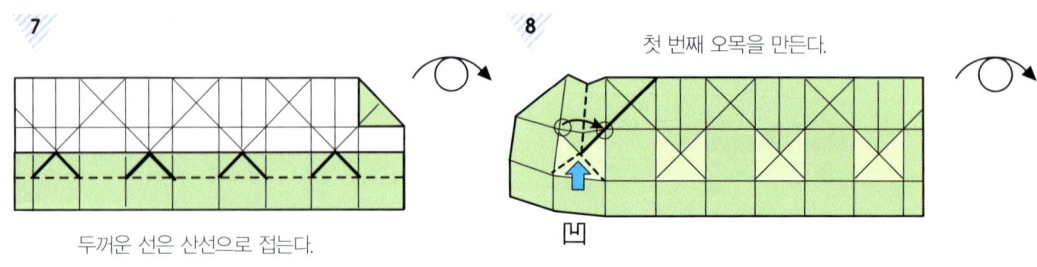

7. 두꺼운 선은 산선으로 접는다.

8. 첫 번째 오목을 만든다.
두꺼운 선을 산선으로 접고 ○ 표시를 맞춰 주름을 안쪽 오른편으로 포갠다(파란색 화살표를 눌러 색이 옅은 부분에 움푹 들어간 삼각을 만든다).

안쪽에서 본 그림
두 번째 오목을 접는다.

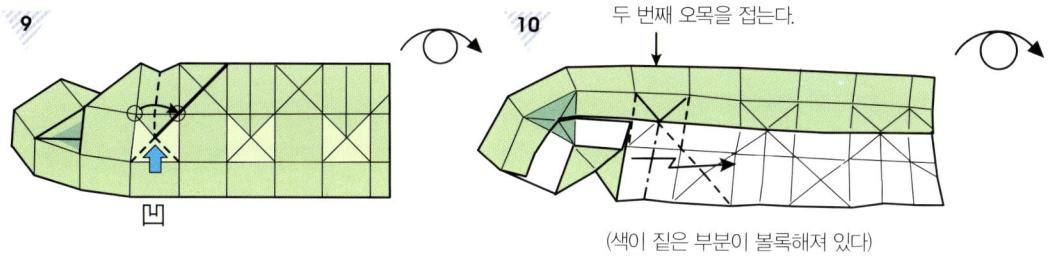

(색이 짙은 부분이 볼록해져 있다)

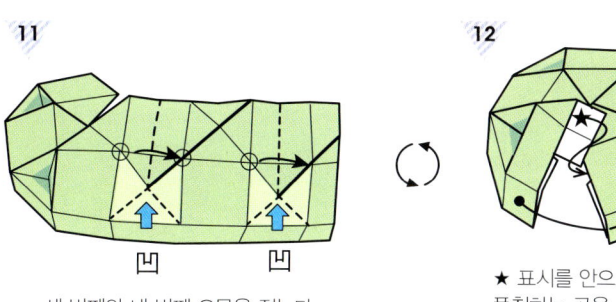

세 번째와 네 번째 오목을 접는다.

★ 표시를 안으로 넣고 풀칠하는 곳을 끼운다.

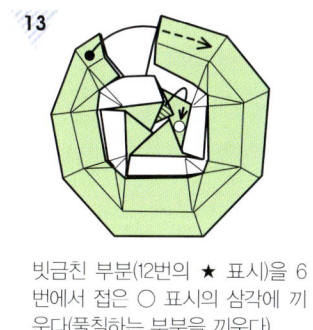

빗금친 부분(12번의 ★ 표시)을 6번에서 접은 ◯ 표시의 삼각에 끼운다(풀칠하는 부분을 끼운다).

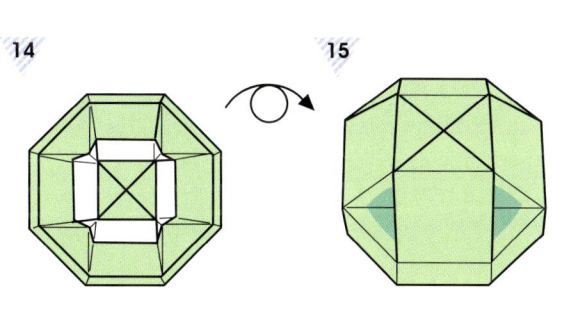

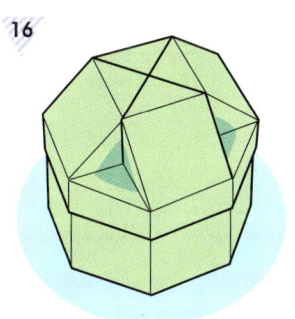

작품의 종이 크기
뚜껑 / (25.6+α)×14cm
본체 / (24.5+α)×21cm

* 125 *
팔각형 상자

상자 크기 8.6×7cm

볼록한 팔각 상자 본체

연습 : A4(210×297mm)를 잘라 사용

[오목한 돔]을 뚜껑으로 한 경우
상자 크기 8.3×8.5cm
뚜껑의 종이 크기 (25.2+a)×12.5cm
본체의 종이 크기 (24+a)×19cm

크기 6.8×3.5cm
종이 크기 (20+a)×11.5cm

이 상자는 바닥이 정사각형이 됩니다. 뚜껑으로도 사용할 수 있지만, 본체로 사용하는 것이 더 좋습니다.

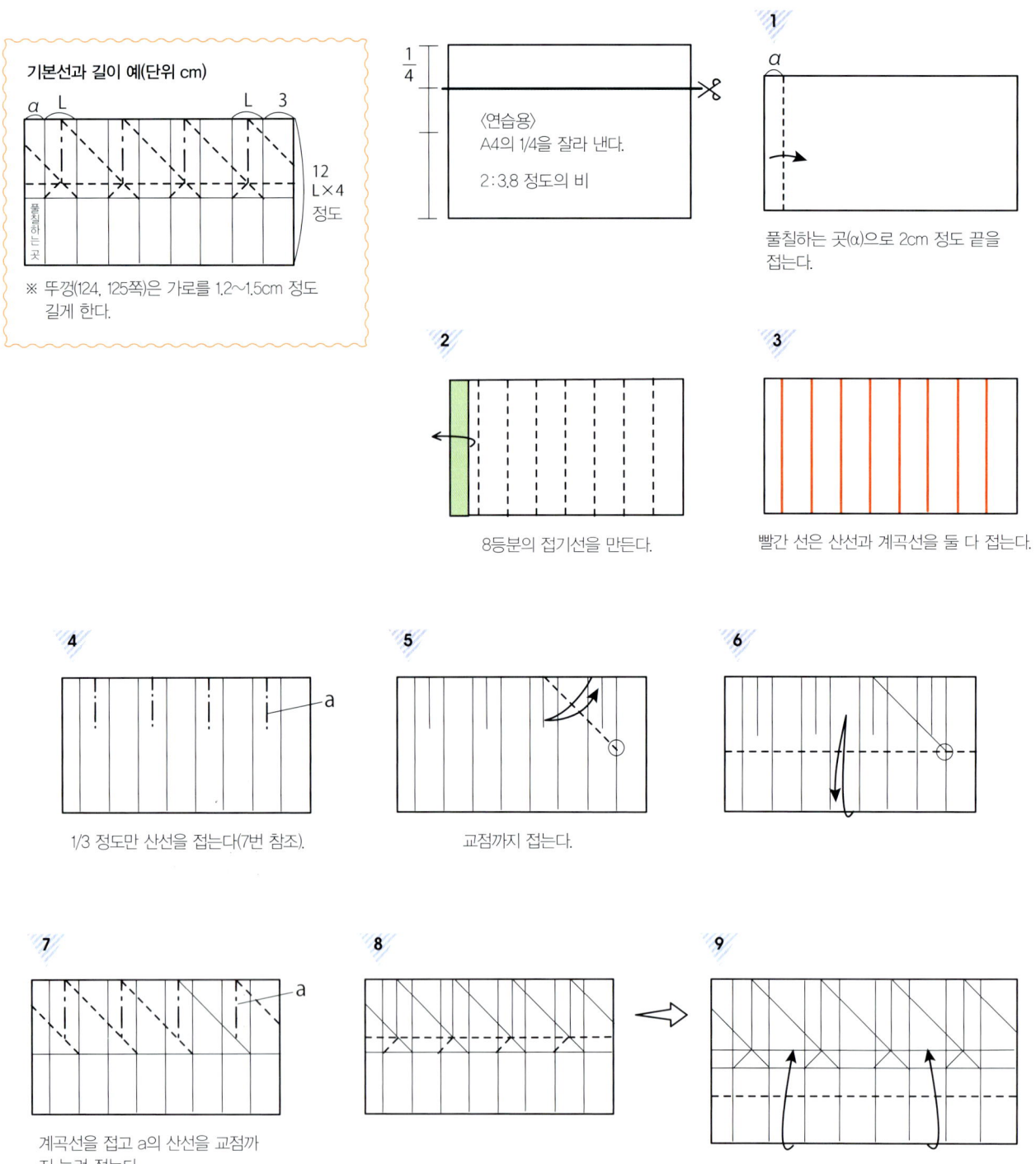

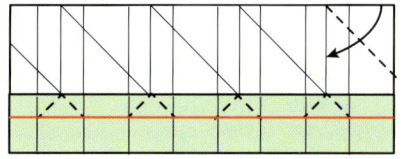

빨간 선은 산선과 계곡선을 둘 다 접는다.

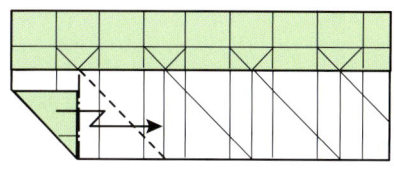

주름을 모아 접는다.

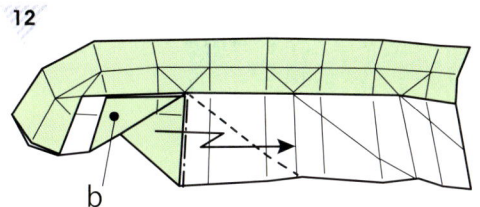

주름을 모아 접는다
(15번에서 b의 주름에 끼운다).

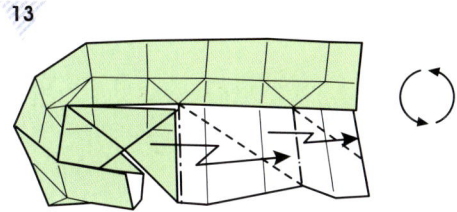

순서대로 주름을 모아 접는다.

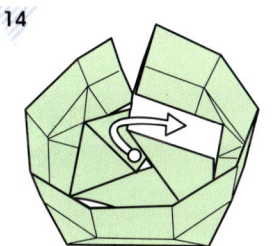

아래를 위로 바꾼다.

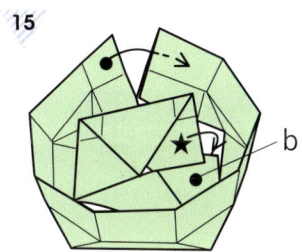

12번의 b의 주름에 ★ 표시를 끼운다(풀칠하는 곳을 끼운다).

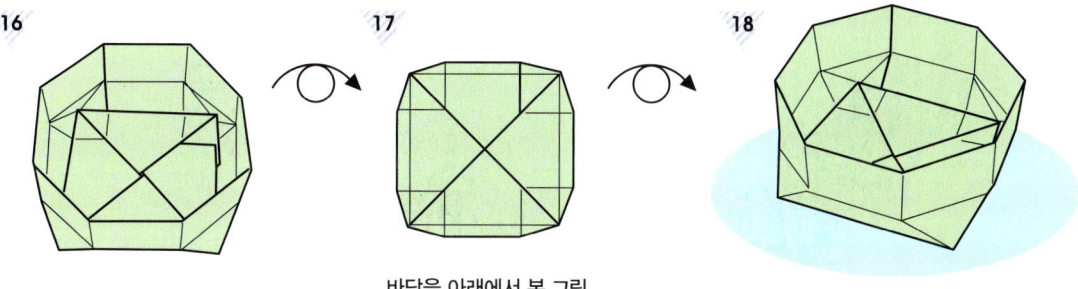

바닥을 아래에서 본 그림

다양한 모양의 팔각 상자

네 개의 굴

상자 크기 9.6×8cm
뚜껑의 종이 크기 (29+a)×14.5cm
본체의 종이 크기 (27.5+a)×23cm

오목한 마름모

오목한 돔

상자 크기 6.4×6.6cm
뚜껑의 종이 크기 (21+a)×10.5cm
본체의 종이 크기 (19.5+a)×18cm

올록볼록 팔각 상자 뚜껑 꽃 모양 돔, 뒤집은 꽃 모양 돔

뚜껑에 부풀어 오른 꽃 모양의 장식이 생기는 상자입니다.
이 꽃이 뚜껑의 안쪽에 생기는 상자도 접을 수 있습니다.

기본선과 길이 예(단위 cm)

α는 L의 절반보다 짧게 한다.
넓은 경우에는 잘라 낸다.

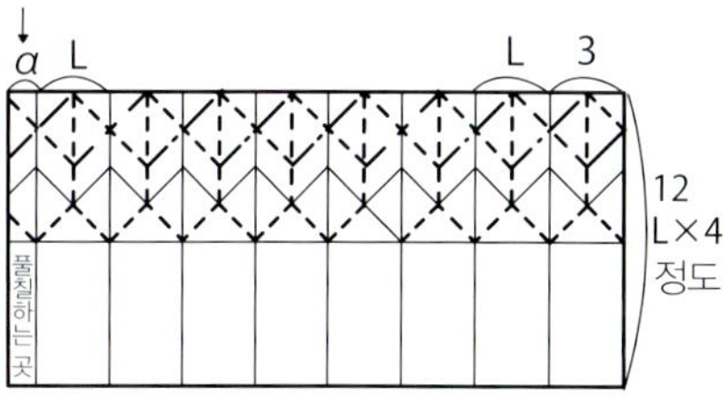

12
L×4
정도

풀칠하는 곳

※ 본체(127~129쪽)는 가로를 1.2~1.5cm 정도 짧게 한다. 높이를 2cm 이상 길게 한다.

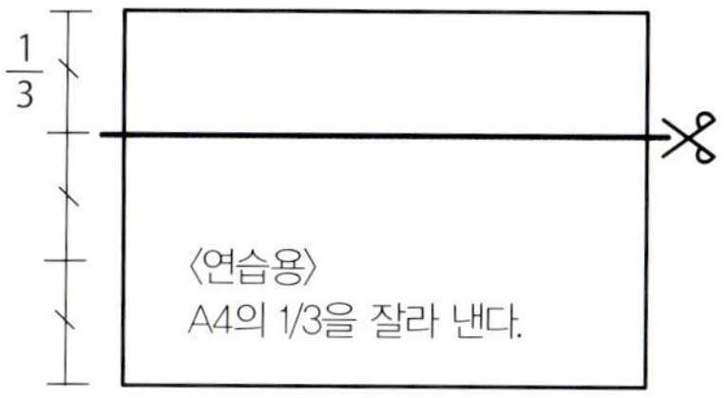

〈연습용〉
A4의 1/3을 잘라 낸다.

1 풀칠하는 곳(α)으로 1.5cm 정도 끝을 접는다.

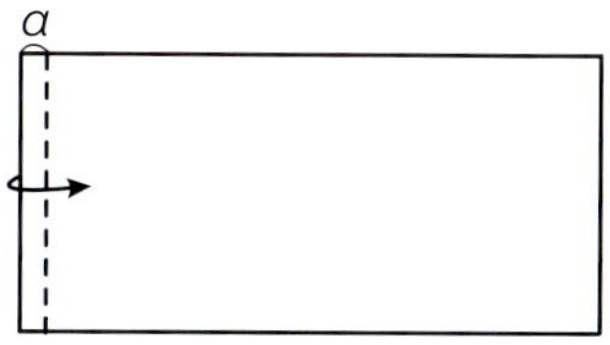

2 8등분한다.

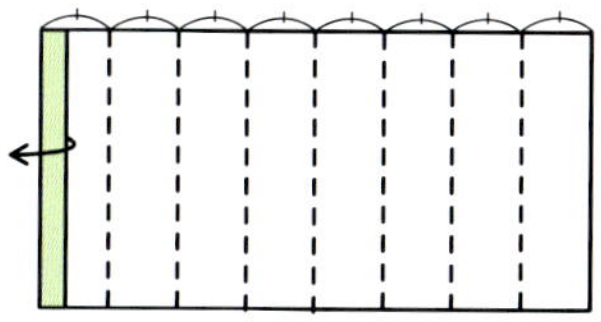

3 빨간 선은 산선과 계곡선을 둘 다 접는다. 풀칠하는 부분을 접는다.

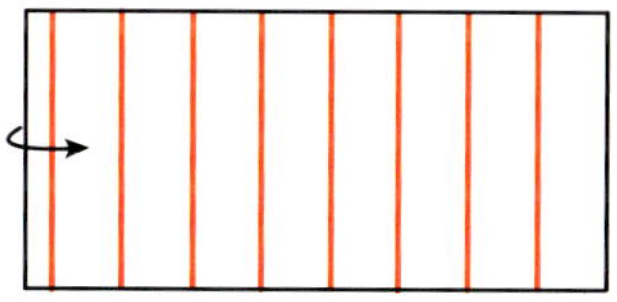

4 ○ 표시까지 접기선을 만들고 왼쪽을 펼친다.

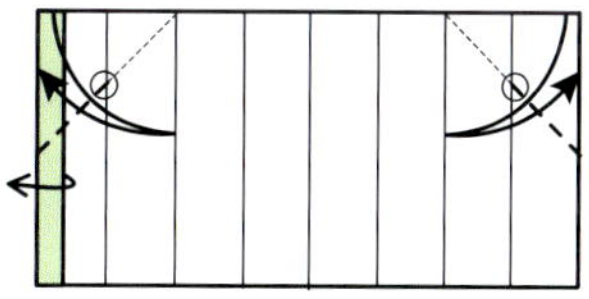

5 그림과 같이 접기선을 만든다.

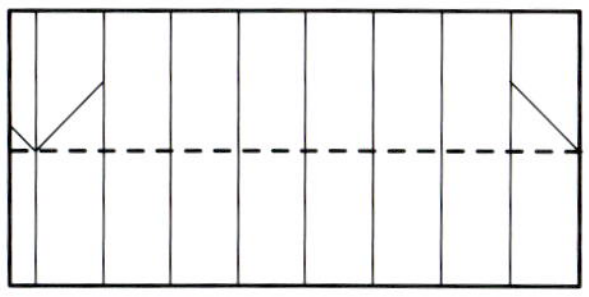

6 그림과 같이 접기선을 만든다.

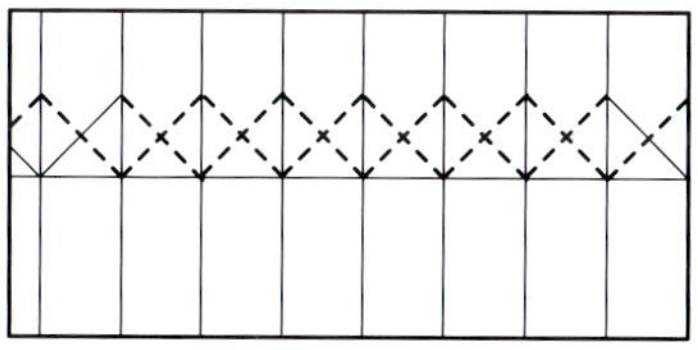

7 그림과 같이 접기선을 만든다.

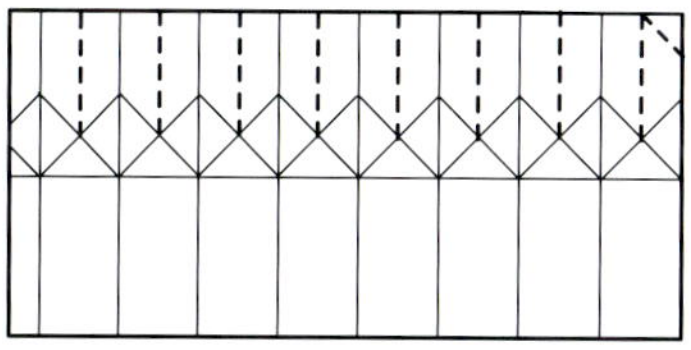

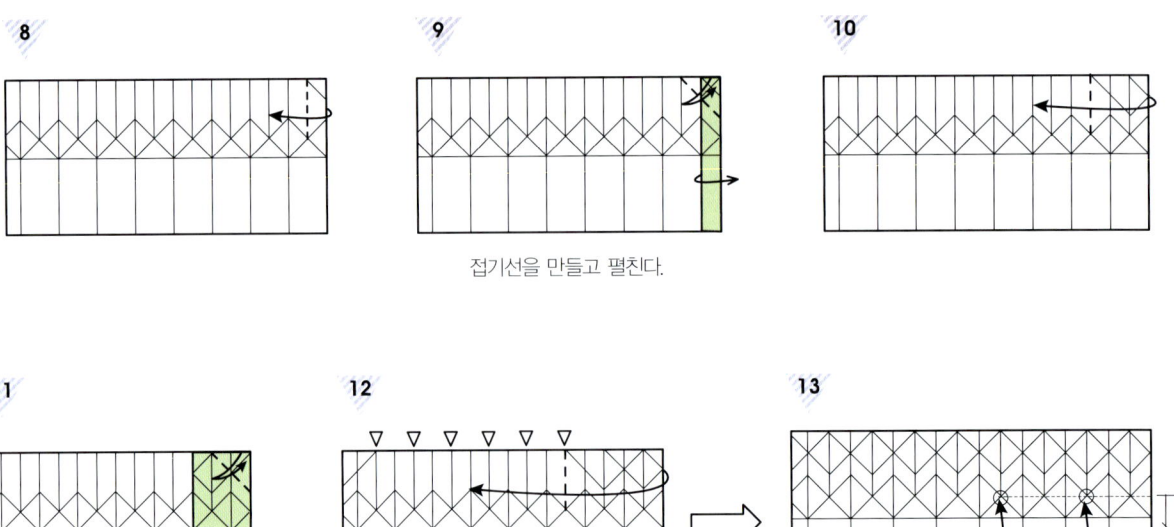

8

9

접기선을 만들고 펼친다.

10

11

접기선을 만들고 펼친다.

12

같은 요령으로 나머지 여섯 군데를 접는다.

13

[꽃 모양 돔]

14

15

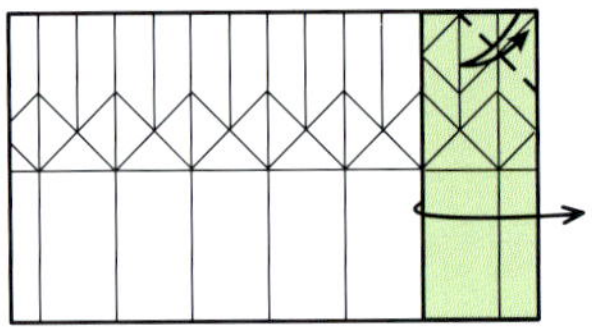

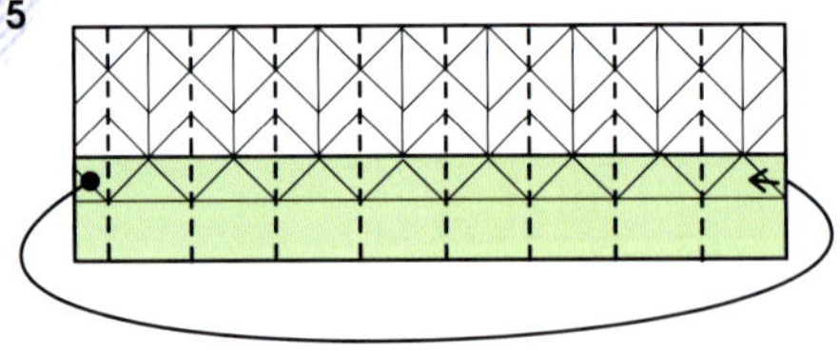

끝 부분을 끼워 팔각의 통 모양을 만든다.
이때, 풀칠하는 곳에 풀칠한다.

16

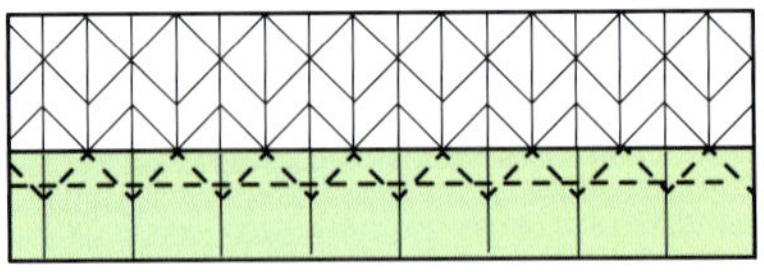

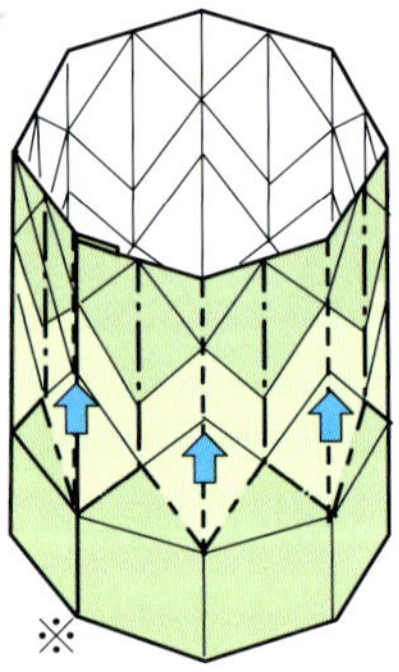

파란색 화살표를 가볍게 누르고, 윗부분은 접기선대로 주름을 모은다.

17

접기선대로 비튼다.

18

중심이 닫히고 꽃이 열린다.

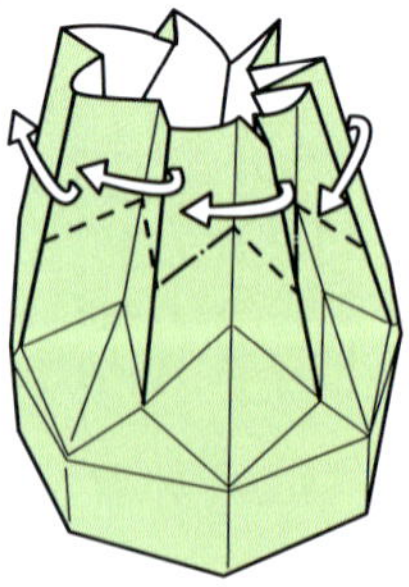

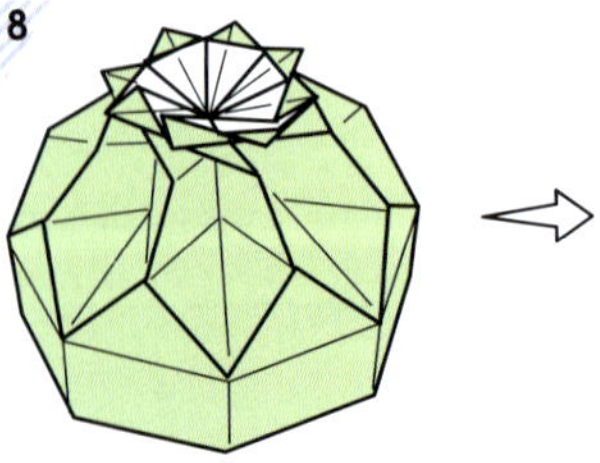

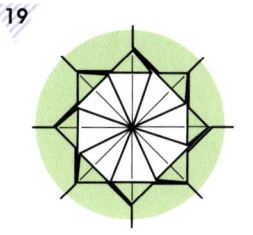

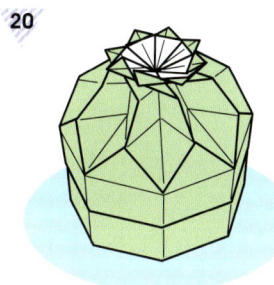

작품의 종이 크기
뚜껑 / (28+α)×14cm
본체 / (27+α)×24.5cm

안쪽의 꽃잎 주름을 중심을 맞
춰 다시 포개고, 그림과 같이
정리한다.

[뒤집은 꽃 모양 돔]

★★★ [꽃 모양 돔] 14번을 뒤집는다.

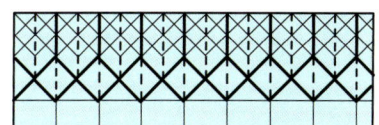

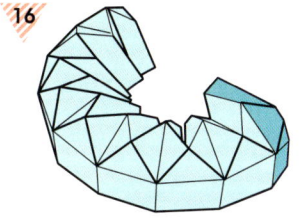

두꺼운 선을 산선으로 접고 위로 주름을 모
아 올록볼록한 모양을 잡으며 원을 만든다.

끝을 끼워 팔각을 만든다.
풀칠하는 곳(색이 짙은 부분)을 풀칠
한다.

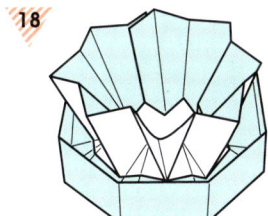
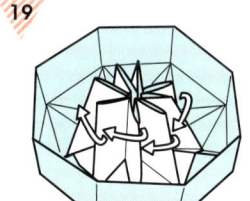

주름을 가운데로 모은다.

접기선대로 비튼다.

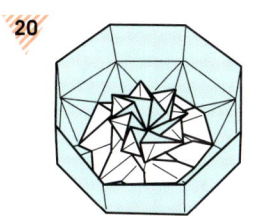
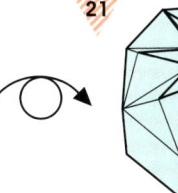

[꽃 모양 돔] 19번의 요령으로
안의 주름 모양을 정리한다.

작품의 종이 크기
뚜껑 / (28+α)×14cm
본체 / (26.2+α)×20cm

[뒤집은 꽃 모양 돔]의 안쪽

꽃 모양 돔

상자 크기 7.8×7.5cm
뚜껑의 종이 크기 (24+a)×12cm
본체의 종이 크기 (22.5+a)×20.5cm

뒤집은 꽃 모양 돔

꽃 모양 돔

상자 크기 9.6×5.8cm

상자 크기 9.6×9.2cm

상자 종이접기 3

칠각형 꽃 모양 돔, 뒤집은 꽃 모양 돔

팔각형과 같은 순서로 만듭니다. 8등분할 것을 7등분하기만 하면 칠각형의 꽃 모양 돔, 뒤집은 꽃 모양 돔을 만들 수 있습니다.

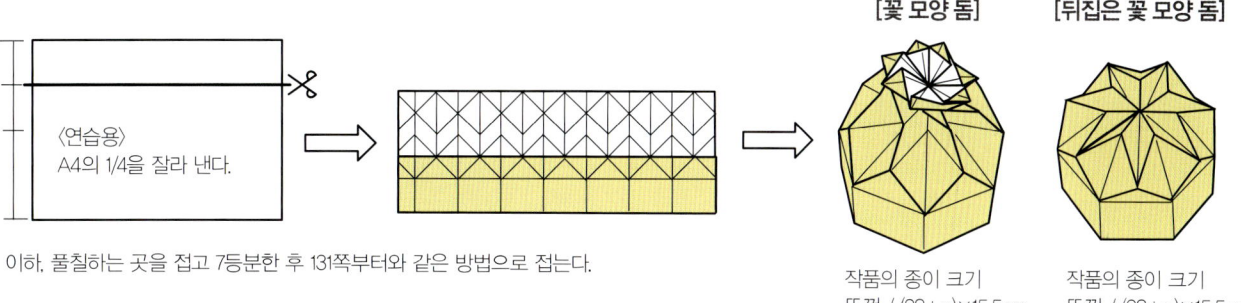

이하, 풀칠하는 곳을 접고 7등분한 후 131쪽부터와 같은 방법으로 접는다.

[꽃 모양 돔]
작품의 종이 크기
뚜껑 / (28+α)×15.5cm
본체 / (26.6+α)×26cm

[뒤집은 꽃 모양 돔]
작품의 종이 크기
뚜껑 / (28+α)×15.5cm
본체 / (26.2+α)×23cm

상자 크기 9×7.8cm

상자 크기 8.7×12.5cm

PART 4
DECAGON

십각형 상자

뚜껑과 본체를 각각 한 장으로 접는 상자입니다. 각의 수가 많아지면 크기가 작아지는 것도 있습니다.
상황에 맞춰 B4 사이즈의 큰 종이로 연습을 한 후, 크기를 바꾸거나 마음에 드는 종이로 접어 주세요.
한 변의 폭(L)의 10배와 풀칠하는 곳(α)이 종이의 가로 폭이며, 상자의 깊이를 결정하는 세로 폭(H)은 변의 비를 기준으로 마음에 드는 길이를 찾아봅시다.

【더블 로크 십각 상자/138쪽】

【십각 상자 뚜껑 · 꽃/148쪽】

【십각 상자 뚜껑 · 단추/149쪽】

【십각 상자 뚜껑 · 도라지꽃/150쪽】

【십각 상자 뚜껑 · 꽃봉오리/153쪽】

【십각 상자 뚜껑 · 되접는 꽃/156쪽】

【십각 상자 뚜껑 · 별/161쪽】

【십각 상자 뚜껑 · 회전목마/162쪽】

【십각 상자 뚜껑 · 꽃 탑 A/163쪽】

더블 로크 십각 상자

연습 : A4(210×297mm)를 잘라 사용

상자 크기 11×6.4cm
뚜껑의 종이 크기 (33.5+a)×23cm
본체의 종이 크기 (32+a)×27cm

십각 상자는 풀칠하는 부분을 포함해 처음에 변을 11등분합니다. 이때, 11등분은 하기 어렵기 때문에 자로 잽니다(풀칠하는 곳은 육 · 칠 · 팔각 상자만큼 좁아도 상관없습니다).
혹은 5등분해서 그것을 반으로 접고 10등분하는 방법도 있습니다(5등분 접는 방법에 대해서는 『상자 종이접기 2』를 참조해 주세요).

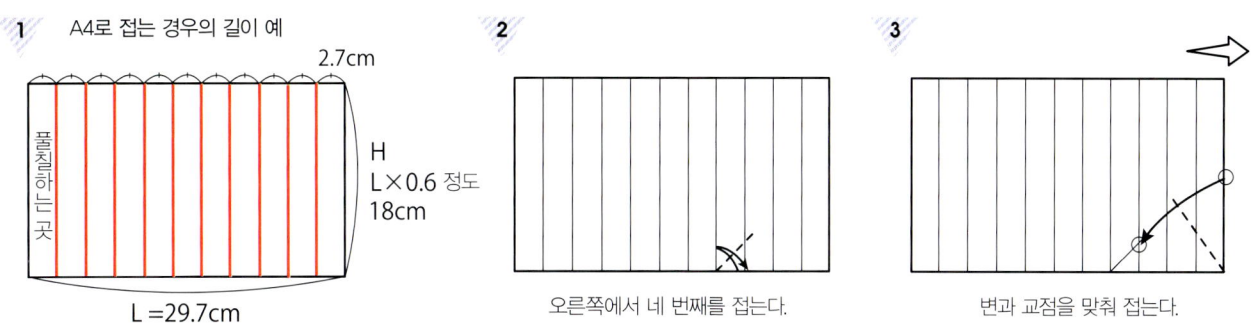

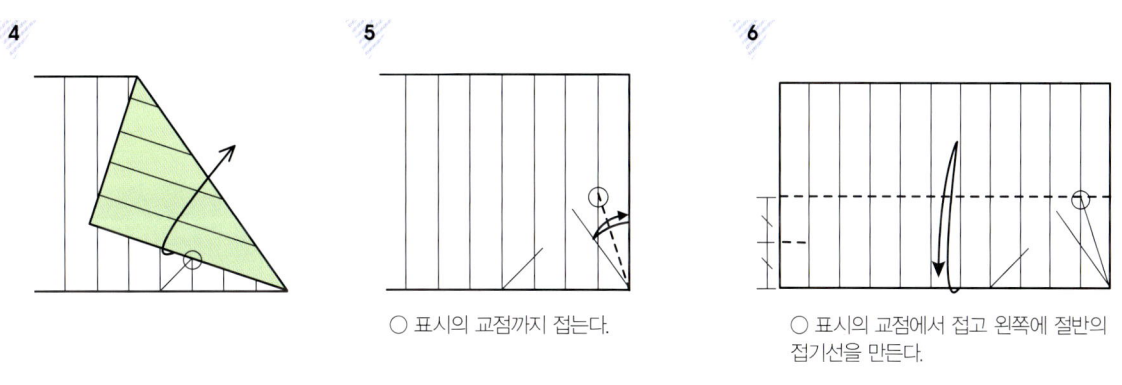

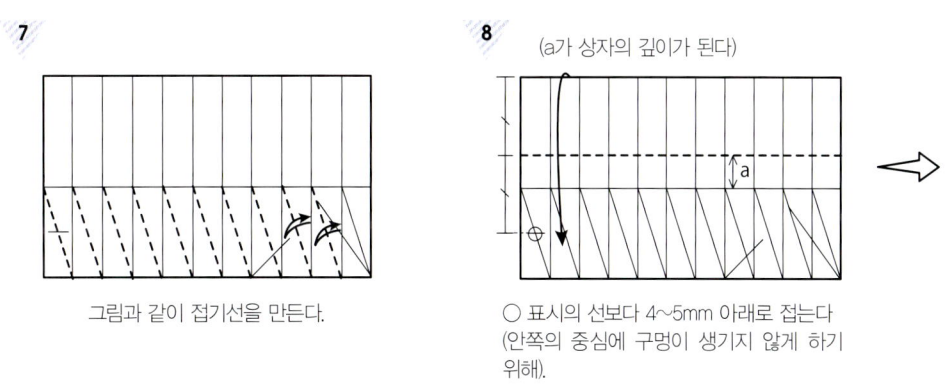

9
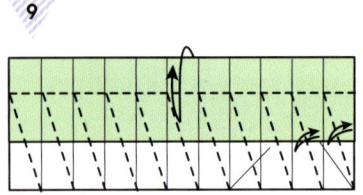
아랫장의 종이와 선이 어긋나지 않도록 주의하며 접기선을 만든다.

10
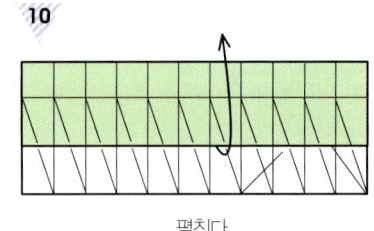
펼친다.

11
1의 산선을 계곡선으로 다시 접고, 2를 계단 접기한다.

Point 종이의 질이나 두께에 따라 도구를 사용하면 깔끔하게 접을 수 있다. 그림과 같이 자와 송곳을 사용해 선을 긋는다.
(※ 138쪽의 7번의 선도 이와 같은 방법으로 만들어도 된다.)

9
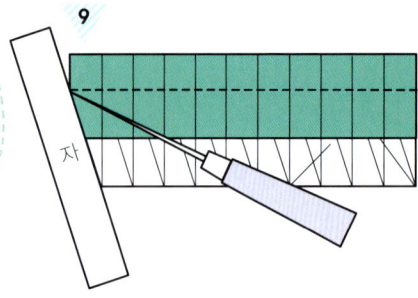

10
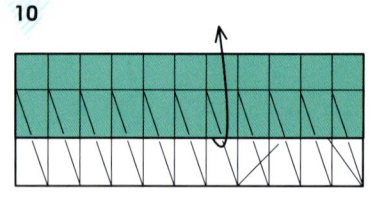
이하, 12번에 계속

12
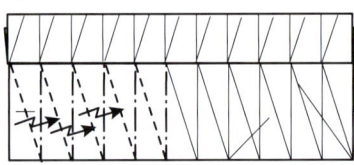
97쪽을 참고하여 주름을 모아 접기선의 자국을 만들어 간다.

13
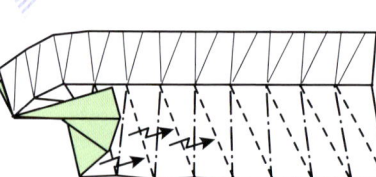
순서대로 접는다. 하기 어려울 때는 주름을 모은 후 다시 원래대로 돌려도 된다. 14번과 같이 하지 않더라도 전부 접기선 자국을 만들어 두기만 하면 된다.

14

전부 펼친다.

15
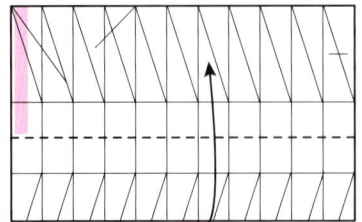
계단접기를 하고 펼친 후 풀칠하는 곳과 겹치는 부분(색칠된 부분)에 풀칠한다.

16
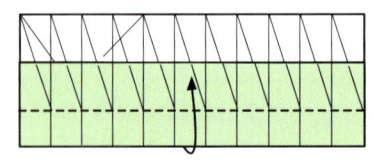
가장자리를 들어 올린다.

17
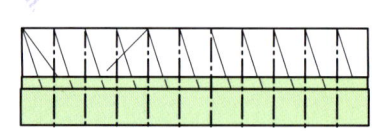
겹쳐진 네 장에 모두 산선을 확실히 만들고 통 모양으로 만든다.

※ 자세한 것은 97쪽 참조

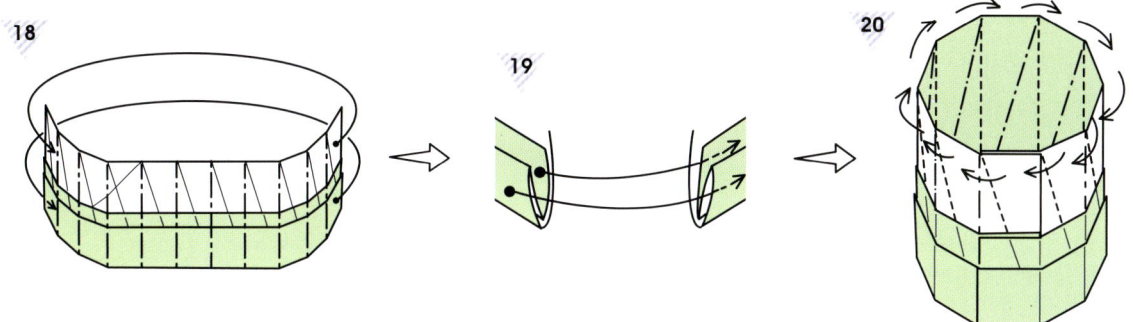

12~14번에서 만든 접기선을 이용해 우선 안쪽의 한 장을 비틀어 평평하게 한다.
한 번에 되지 않으므로, 균등하게 돌리면서 접기선 자국을 만들고 마지막에 평평하게 정리한다.

바닥을 평평하게 한 모습

안쪽을 위에서 본 그림

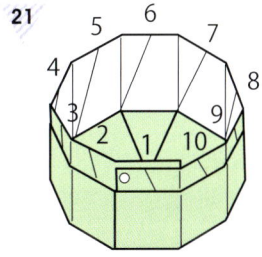 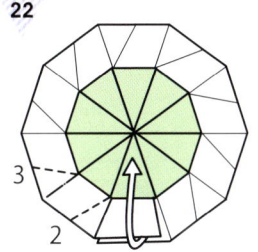 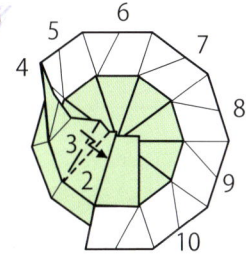

번호순으로 씌우며 바닥에 포개어 간다.

겹친 부분의 폭이 좁은 곳부터 씌워 바닥에 포개어 간다.

순서대로 씌워 포개어 간다.

▲▼ 안쪽을 포갤 때의 포인트

1. 마지막 주름을 시작 주름에 끼워 넣는다.

2. 이쑤시개 등을 사용해 시작 주름을 들어 올리면 끼우기 쉽다.

✳ 141 ✳
십각형 상자

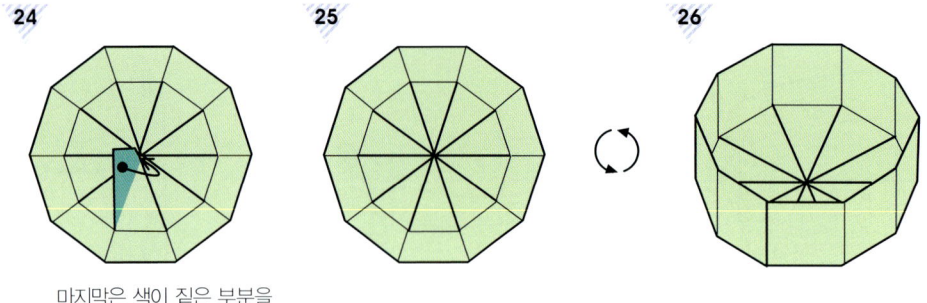

마지막은 색이 짙은 부분을
안에 끼워 넣는다.

십각 상자 본체와 뚜껑의 길이

왼쪽 그림과 같이 본체는 폭이 좁고 깊이가 깊도록 길이를 잡습니다.
11등분하는 것은 어렵기 때문에 자로 길이를 재는 것이 편리합니다.
포인트는 L과 H의 길이. 이 L과 H의 길이를 가감하여 보다 나은 길이를 찾아봅시다.
또 본체는 풀칠하는 부분이 다른 곳보다 좁아도 상관없습니다.
길이는 종이의 두께나 크기로 인해 달라질 수 있으니 그에 맞춰 가감해 주세요.

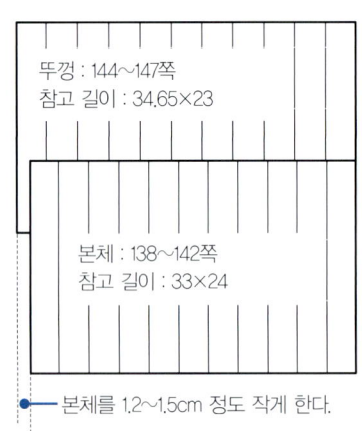

뚜껑 : 144~147쪽
참고 길이 : 34.65×23

본체 : 138~142쪽
참고 길이 : 33×24

본체를 1.2~1.5cm 정도 작게 한다.

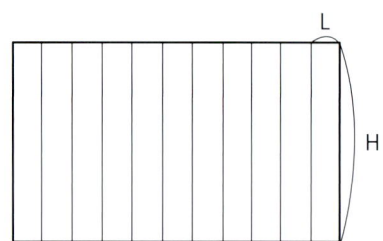

L : 바닥 면적을 결정 – 길수록 커진다.
H : 깊이를 결정 – 길수록 깊어진다.

더블 로크 육·칠·팔·십각 상자

십각 상자
상자 크기 10.2×6.5cm
뚜껑의 종이 크기 (31.5+a)×22cm
본체의 종이 크기 (30+a)×28cm

팔각 상자
상자 크기 10.3×6.3cm

칠각 상자
상자 크기 10×5.5cm
뚜껑의 종이 크기 (32+a)×21cm
본체의 종이 크기 (30.5+a)×24.5cm

육각 상자
상자 크기 9.5×4.8cm

십각 상자 뚜껑 기본 1

연습 : B4(257×364mm)를 잘라 사용

상자 크기 10.8×5cm

단추

상자 크기 9.8×5.5cm

십각 상자는 선이 많아 어려워 보이지만 기본은 다른 상자와 같으며, 변의 수가 늘어난 것뿐입니다.
순서대로 차근차근 따라해 봅시다.

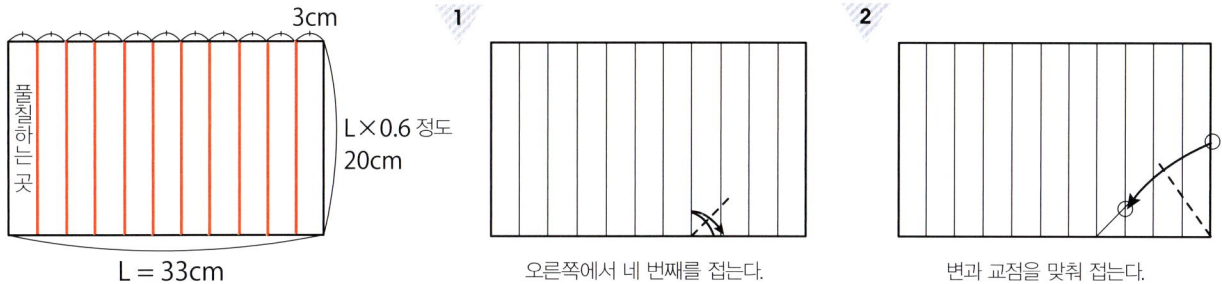

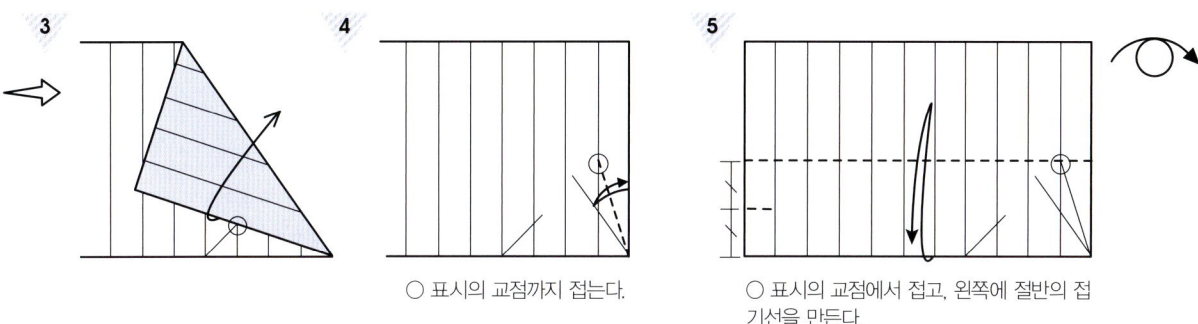

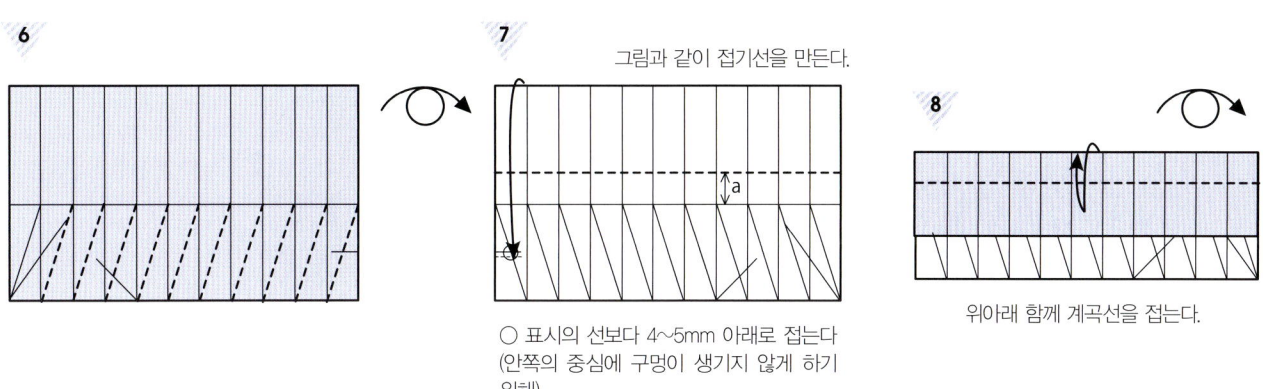

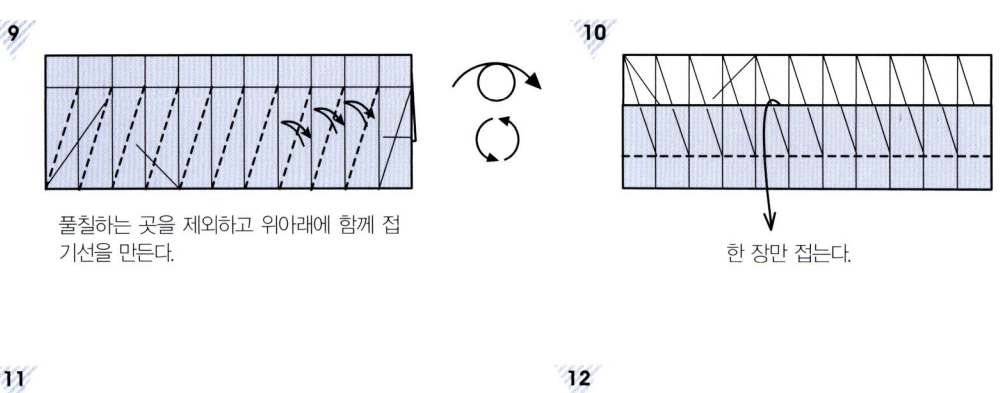

9. 풀칠하는 곳을 제외하고 위아래에 함께 접기선을 만든다.

10. 한 장만 접는다.

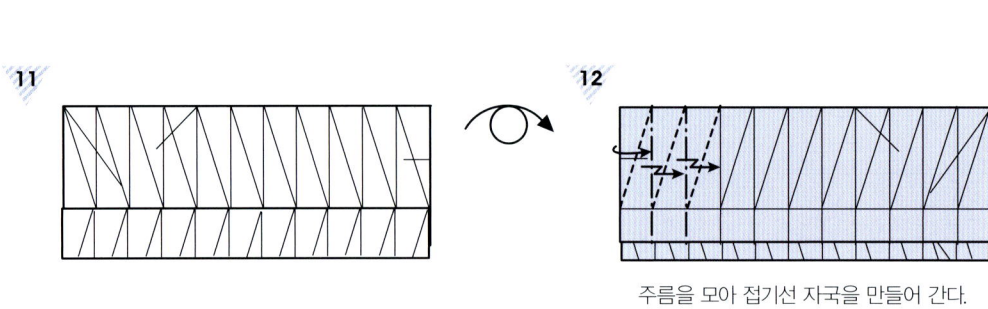

11.

12. 주름을 모아 접기선 자국을 만들어 간다.

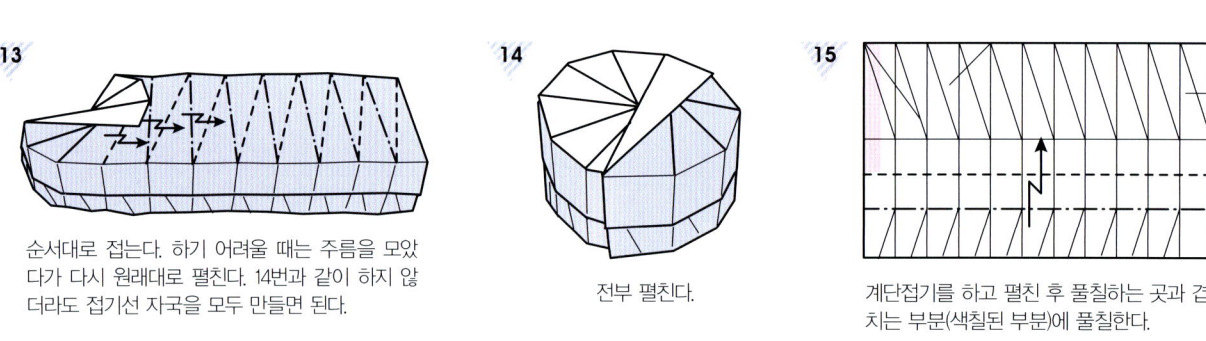

13. 순서대로 접는다. 하기 어려울 때는 주름을 모았다가 다시 원래대로 펼친다. 14번과 같이 하지 않더라도 접기선 자국을 모두 만들면 된다.

14. 전부 펼친다.

15. 계단접기를 하고 펼친 후 풀칠하는 곳과 겹치는 부분(색칠된 부분)에 풀칠한다.

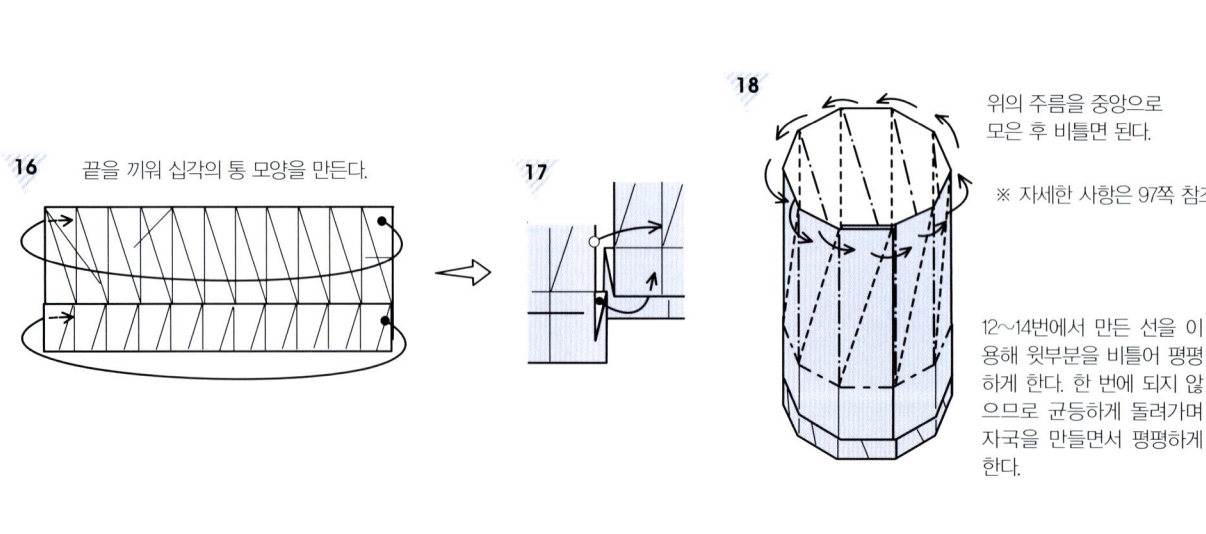

16. 끝을 끼워 십각의 통 모양을 만든다.

17.

18. 위의 주름을 중앙으로 모은 후 비틀면 된다.

※ 자세한 사항은 97쪽 참조

12~14번에서 만든 선을 이용해 윗부분을 비틀어 평평하게 한다. 한 번에 되지 않으므로 균등하게 돌려가며 자국을 만들면서 평평하게 한다.

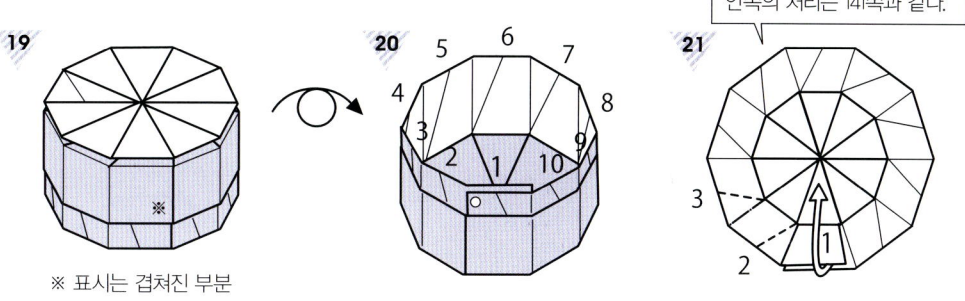

※ 표시는 겹쳐진 부분

안쪽의 처리는 141쪽과 같다.

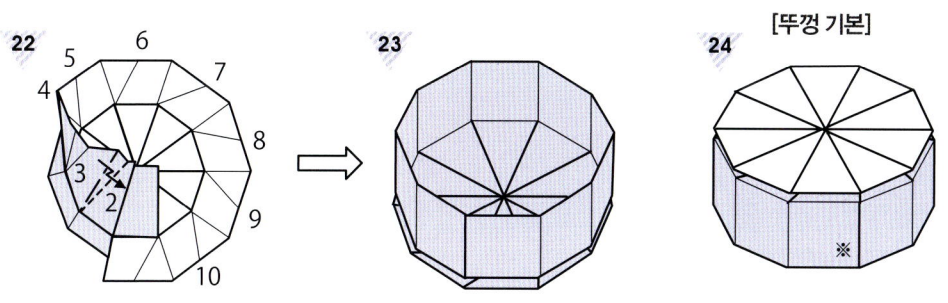

번호 순서대로 씌워 바닥에 포개어 간다.

[뚜껑 기본]

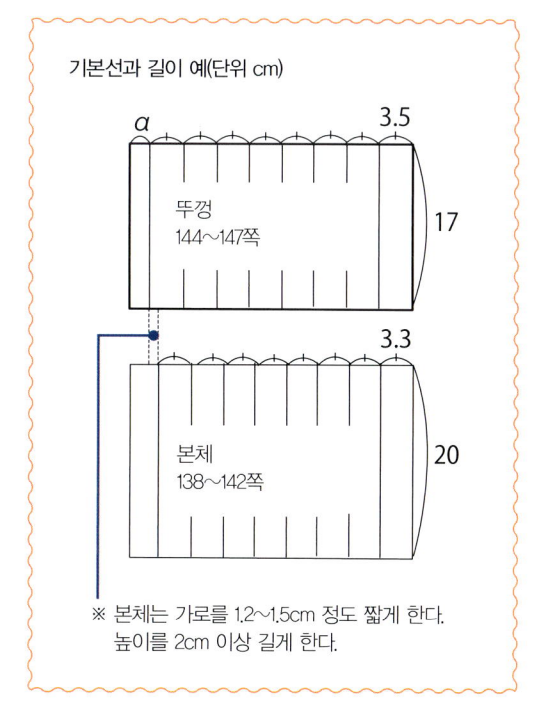

기본선과 길이 예(단위 cm)

뚜껑
144~147쪽

본체
138~142쪽

※ 본체는 가로를 1.2~1.5cm 정도 짧게 한다.
　높이를 2cm 이상 길게 한다.

십각 상자 뚜껑 꽃

★★★ **146쪽 15번부터**

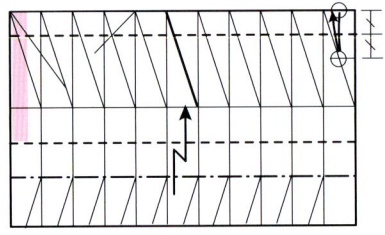

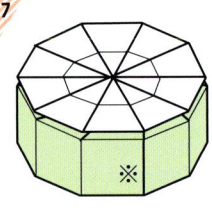

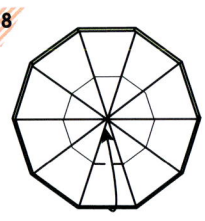

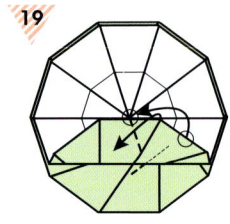

이하, 146쪽 16번부터 [뚜껑 기본]까지 접는다.

[뚜껑 기본]
147쪽 24번

17

※ 표시는 겹쳐진 부분

위에서 본 그림

18

19

주름을 잡고 중심으로 되접는다.

20

21

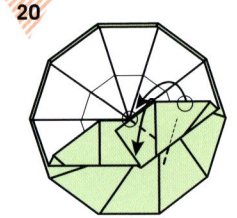

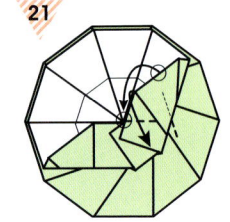

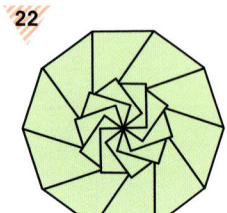

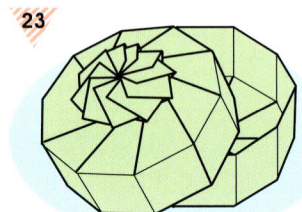

같은 요령으로 연동시키면서 중앙으로 모아 접고 정리한다(마지막 한 개는 아래에서 빼낸다).

22

23

작품의 종이 크기
뚜껑 / (33.5+α)×22cm
본체 / (32+α)×27cm

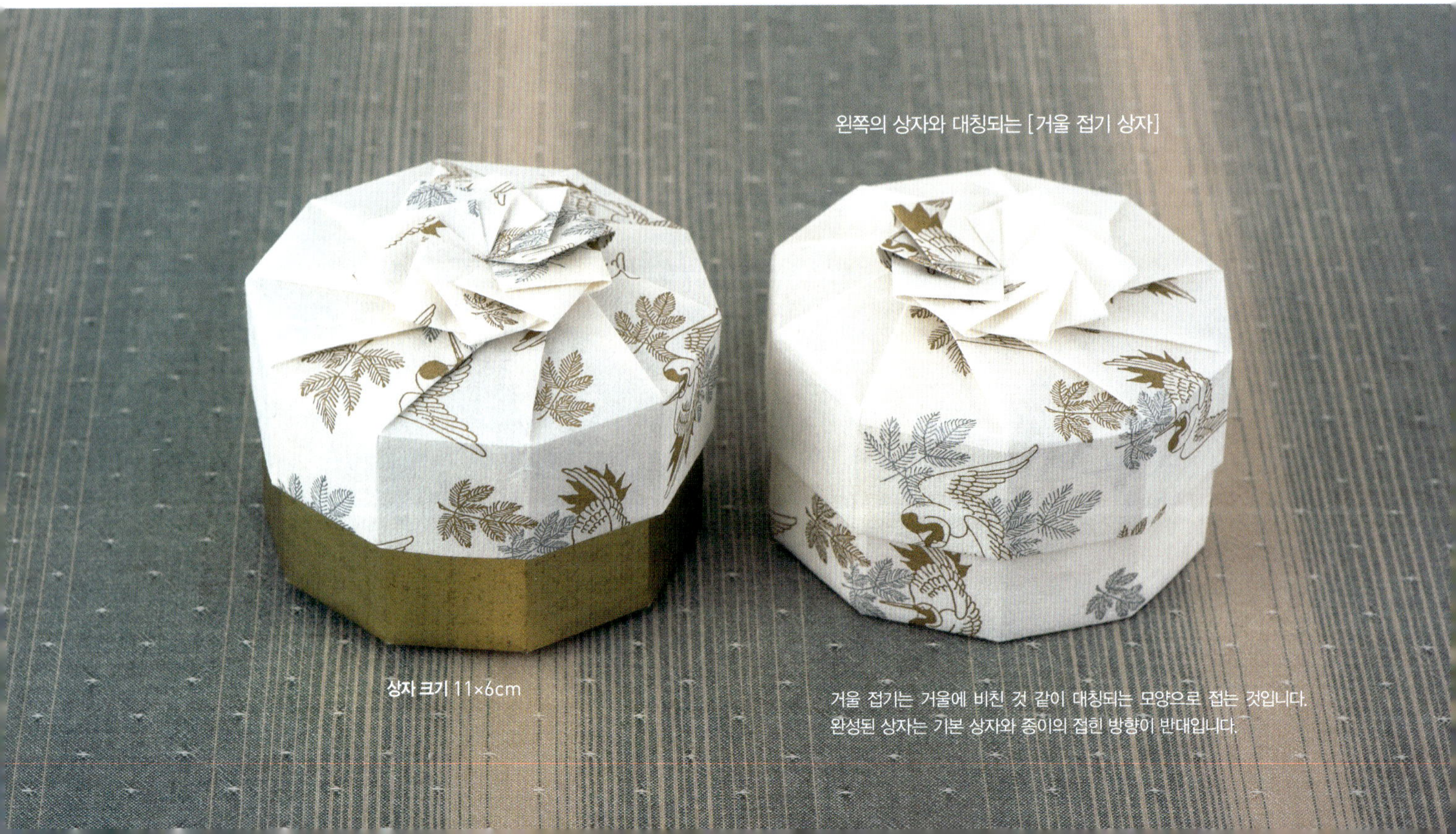

왼쪽의 상자와 대칭되는 [거울 접기 상자]

상자 크기 11×6cm

거울 접기는 거울에 비친 것 같이 대칭되는 모양으로 접는 것입니다.
완성된 상자는 기본 상자와 종이의 접힌 방향이 반대입니다.

 ## 십각 상자 뚜껑 **단추**

[꽃]의 장식 부분을 다르게 접어 봅니다.

★★★ 148쪽 22번부터

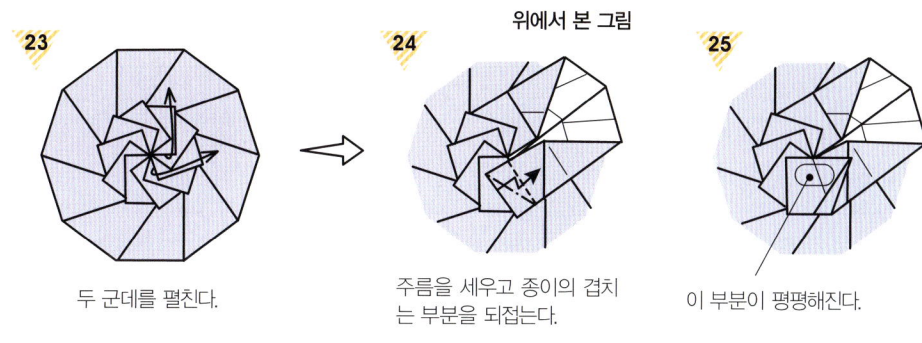

위에서 본 그림

23 두 군데를 펼친다.

24 주름을 세우고 종이의 겹치는 부분을 되접는다.

25 이 부분이 평평해진다.

26 주름을 되접고 그 왼쪽을 평평하게 한 후 끝을 끼운다.

27 끝을 끼운 모습

28

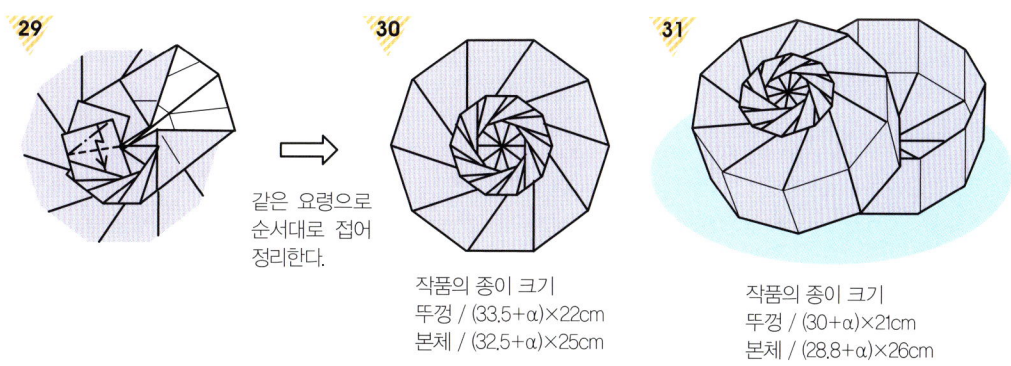

29

30 같은 요령으로 순서대로 접어 정리한다.
작품의 종이 크기
뚜껑 / (33.5+α)×22cm
본체 / (32.5+α)×25cm

31 작품의 종이 크기
뚜껑 / (30+α)×21cm
본체 / (28.8+α)×26cm

십각 상자 뚜껑 **도라지꽃**

한 개씩 간격을 두고 꽃잎을 세워 꽃을 접습니다.

★★★ 146쪽 10번부터

11

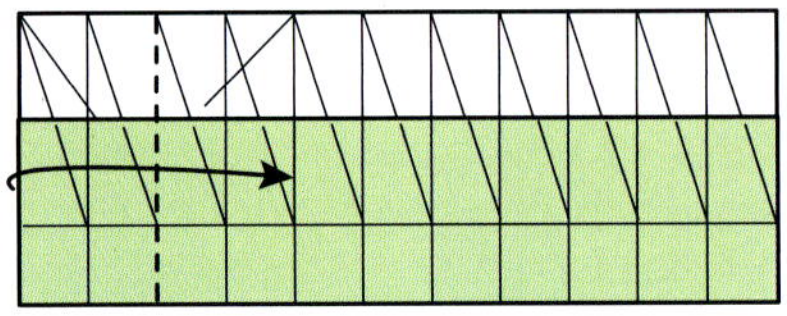

12 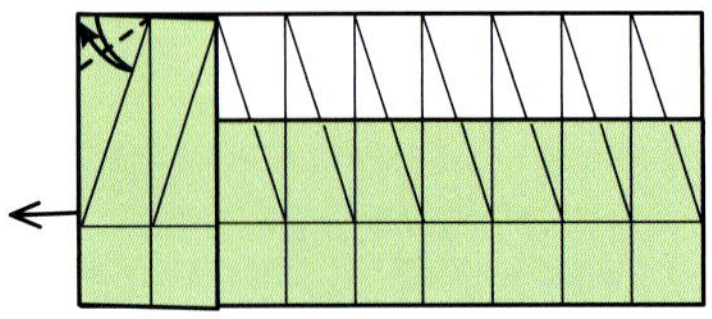 접기선을 만들고 펼친다.

13 2개씩 늘려가며 접는다.

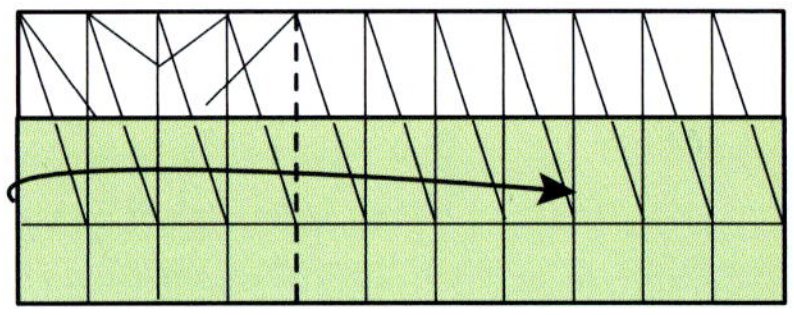

14

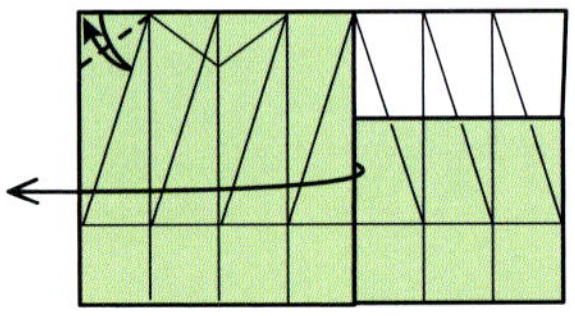

15

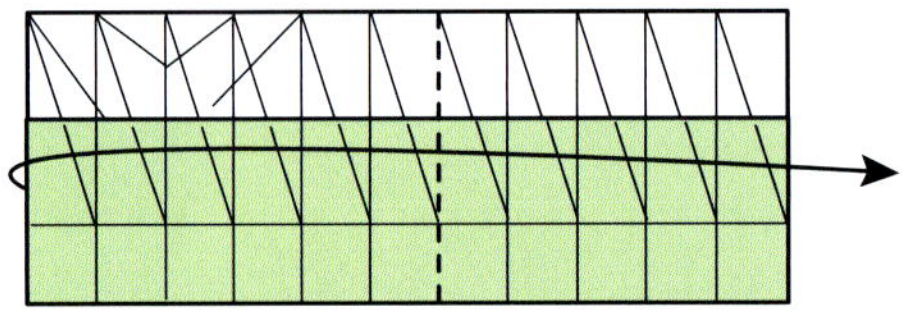

16 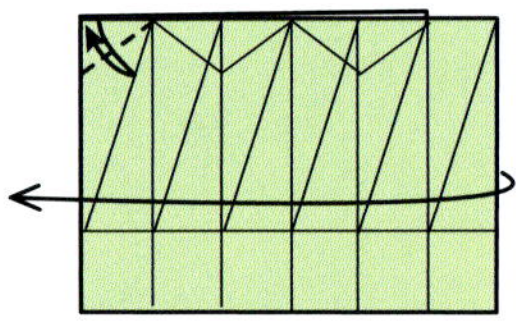 접기선을 만들고 펼친다.

17

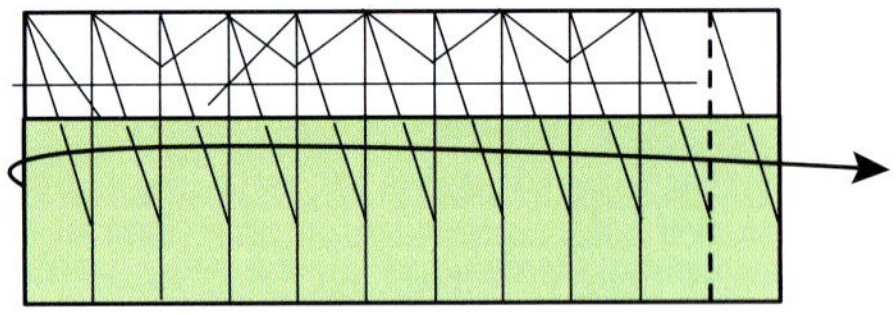

18 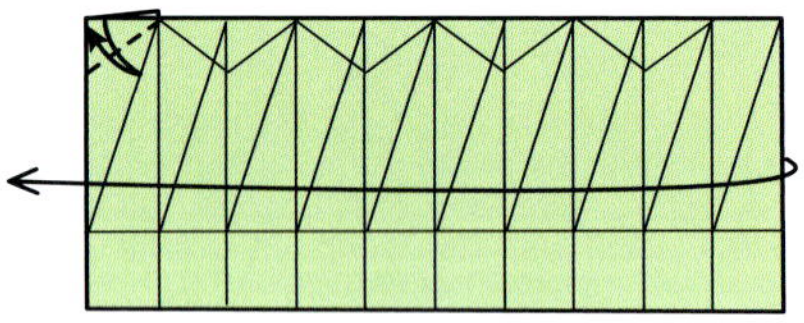 접기선을 만들고 펼친다.

19 한 장만 접어 내린다.

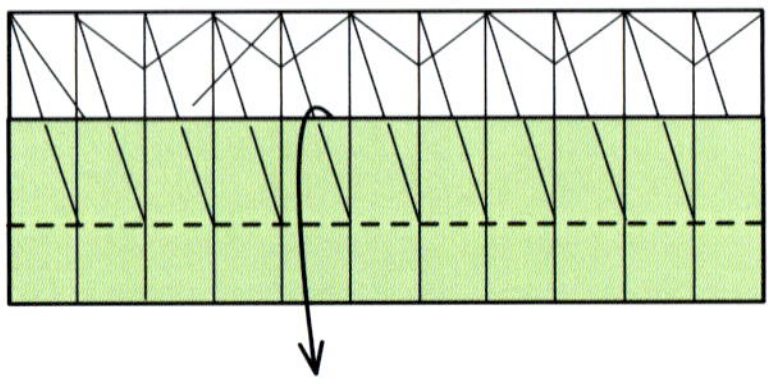

20 이하, 146쪽 12번부터 [뚜껑 기본]까지 접는다.

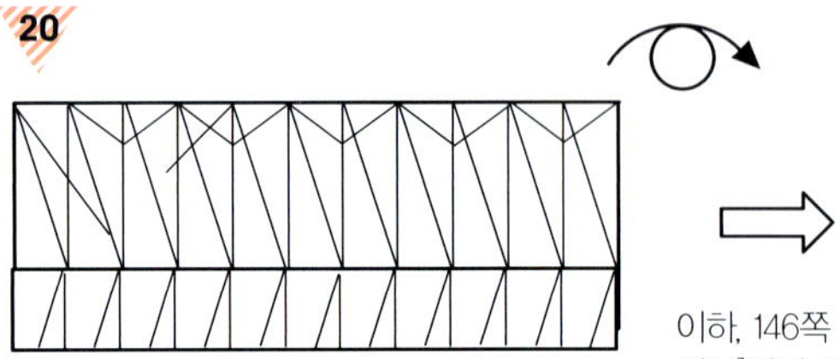

[뚜껑 기본]
147쪽 24번

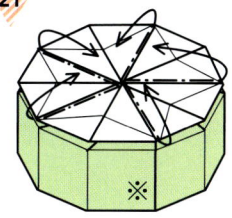

21

한 개씩 간격을 두고 주름을
중앙으로 모아 접는다.
※ 표시는 겹쳐진 부분

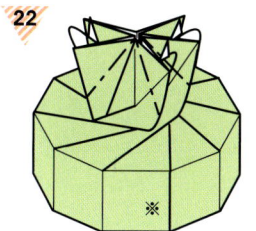

22

다섯 군데를 안으로 접어 넣는다.

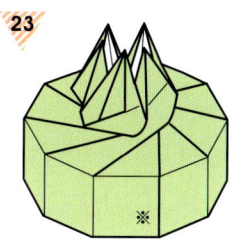

23

꽃잎을 만다.

24

작품의 종이 크기
뚜껑 / (32+α)×22cm
본체 / (31+α)×26.5cm

상자 크기 10.2×5.2cm

한 개씩 간격을 두고 꽃잎을 세운 상자들

산딸나무
(팔각 상자)

도라지꽃
(십각 상자)

연령초
(육각 상자)

 십각 상자 뚜껑 **꽃봉오리**

★★★ 146쪽 10번부터

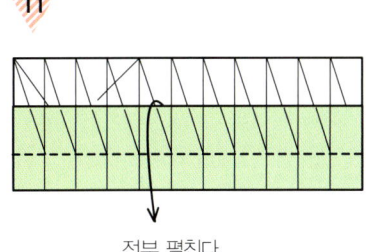
전부 펼친다.

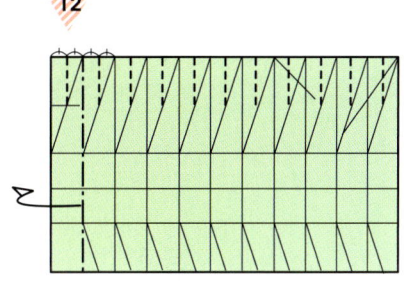
접기선을 만들고 왼쪽을 접는다.

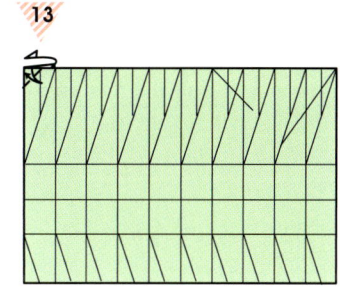
접기선을 만들고 왼쪽을 펼친다.

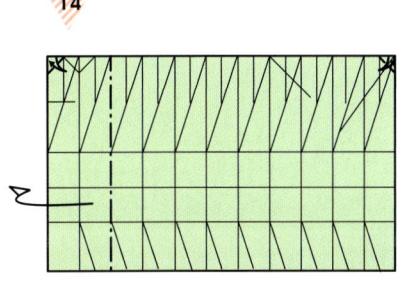
하나씩 늘려 가며 접기선을 만들어 간다.

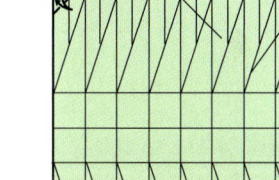

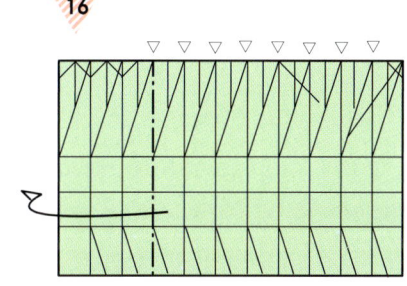
▽ 표시가 된 나머지 8군데를 15, 16번과 같은 방법으로 접는다.

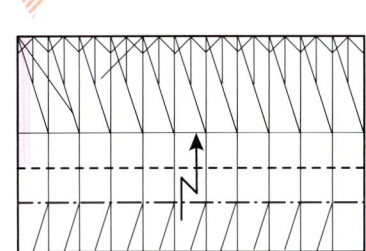
계단접기를 하고 펼친 후, 풀칠하는 곳과 겹치는 부분(색칠된 부분)에 풀칠한다.

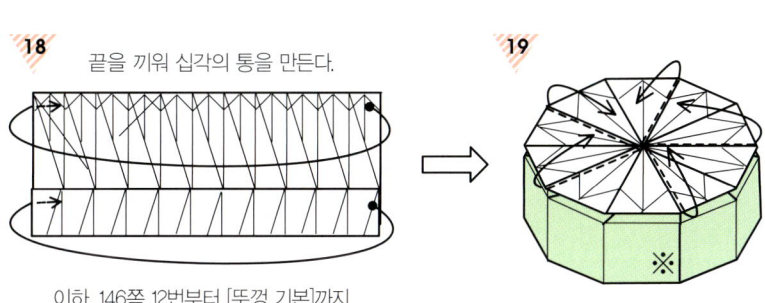
끝을 끼워 십각의 통을 만든다.

이하, 146쪽 12번부터 [뚜껑 기본]까지 접는다.

[뚜껑 기본]
147쪽 24번

20

21

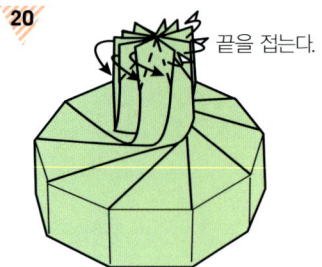

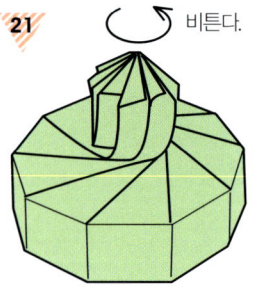

작품의 종이 크기
뚜껑 / (30+α)×21cm
본체 / (28.5+α)×26cm

상자 크기 9.6×6.5cm

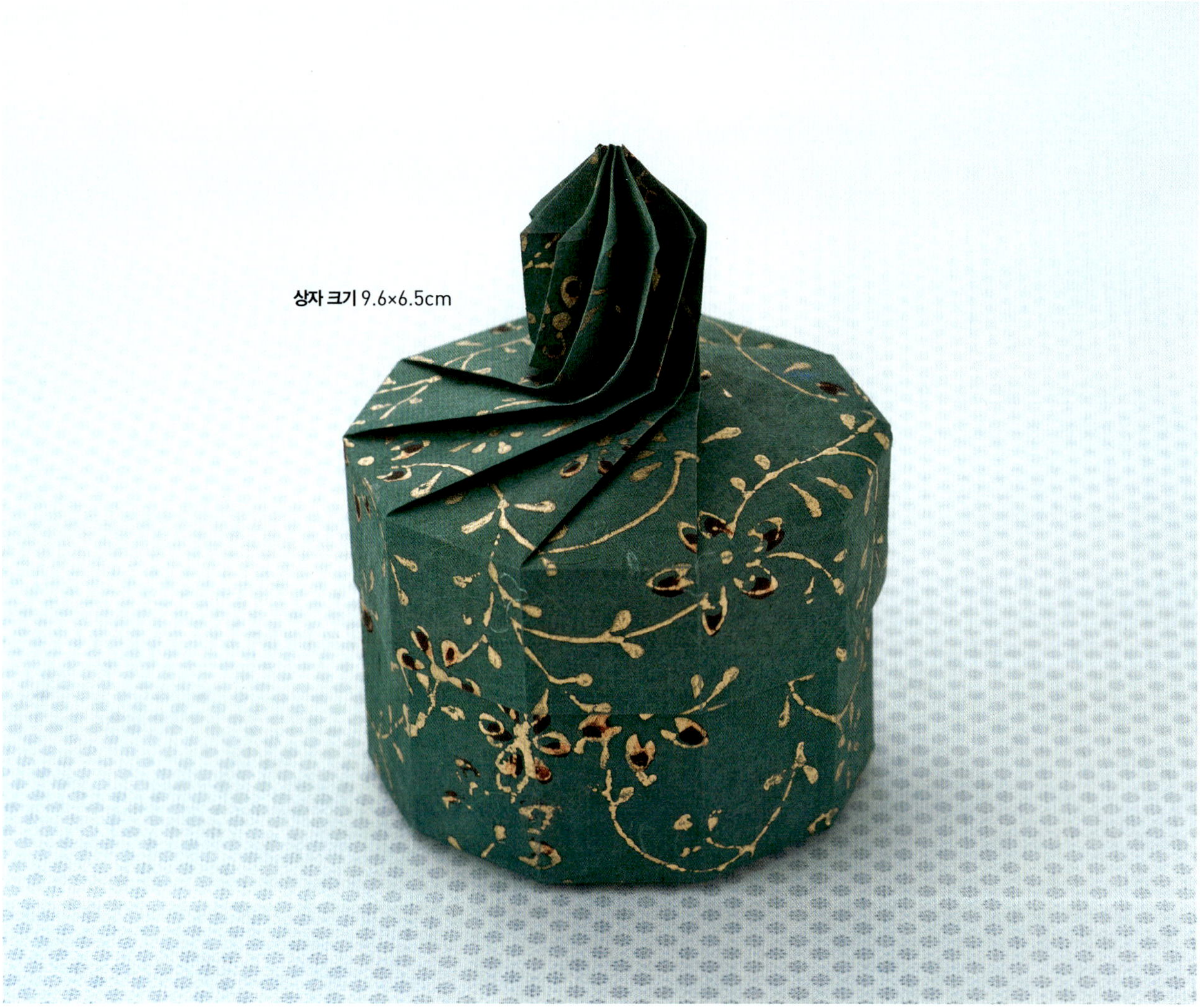

육·칠·팔·십각의 꽃봉오리 상자

십각 상자
상자 크기 10.4×6.2cm
뚜껑의 종이 크기 (32+a)×22cm
본체의 종이 크기 (30.5+a)×25cm

팔각 상자
상자 크기 9.2×6.2cm
뚜껑의 종이 크기 (28+a)×19cm
본체의 종이 크기 (26.8+a)×24cm

육각 상자
상자 크기 9.5×5cm
뚜껑의 종이 크기 (28.5+a)×18cm
본체의 종이 크기 (27.2+a)×21cm

칠각 상자
상자 크기 9.2×5.5cm
뚜껑의 종이 크기 (28.5+a)×19cm
본체의 종이 크기 (27.2+a)×21cm

십각형 상자

 십각 상자 뚜껑 **되접는 꽃, 되접는 국화꽃**

[되접는 꽃]

★★★ 146쪽 11번부터

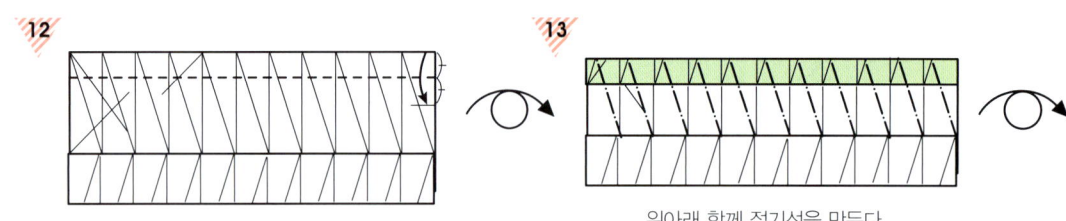

위아래 함께 접기선을 만든다.

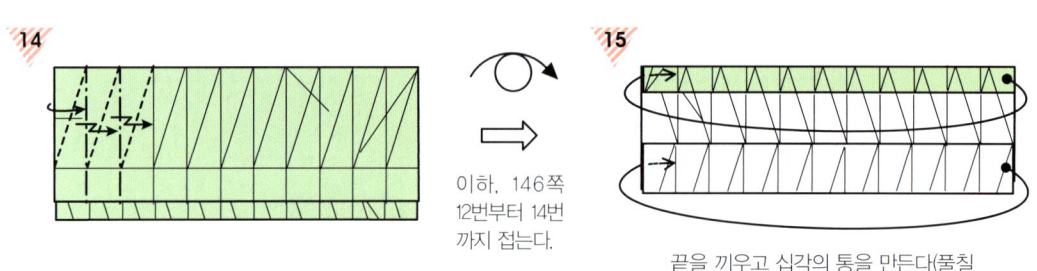

이하, 146쪽 12번부터 14번까지 접는다.

끝을 끼우고 십각의 통을 만든다(풀칠하는 부분은 16번 참조).

16번에서 색이 짙은 부분의 안쪽을 풀칠한다.

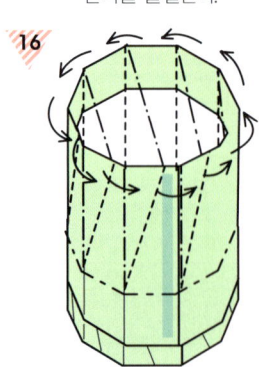

윗부분을 비틀어 평평하게 한다. 한 번에 되지 않으므로, 균등하게 돌려가며 접기선 자국을 만들면서 평평하게 한다.

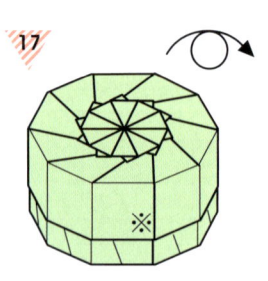

안쪽의 정리는 97쪽과 같다.

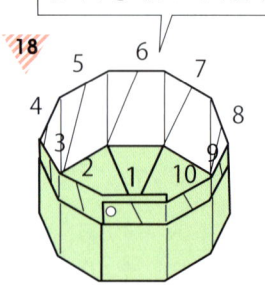

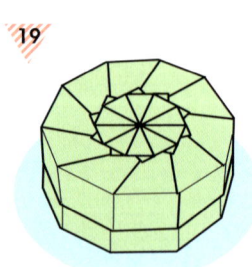

작품의 종이 크기
뚜껑 / (27+α)×18cm
본체 / (26+α)×21cm

[되접는 국화꽃]

★★★ [되접는 꽃] 19번부터

위에서 본 그림

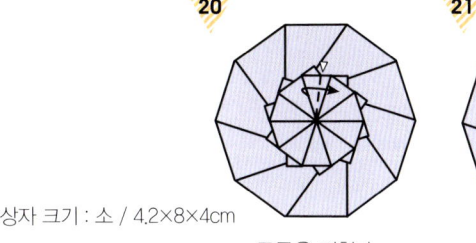
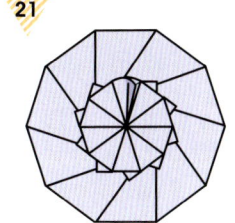
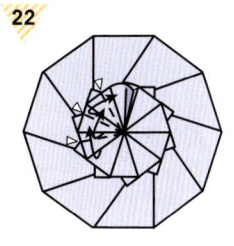
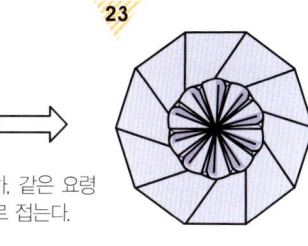

상자 크기 : 소 / 4.2×8×4cm

20 주름을 펼친다.
21 주름을 펼친 모습
22
이하, 같은 요령으로 접는다.
23 꽃잎 모양을 정리한다.

상자 크기 8.7×4.5cm

십각 상자 뚜껑 기본 2

연습 : B4(257×364mm)를 잘라 사용

별

상자 크기 10×5.4cm

변을 11등분해 산선과 계곡선을 만듭니다.

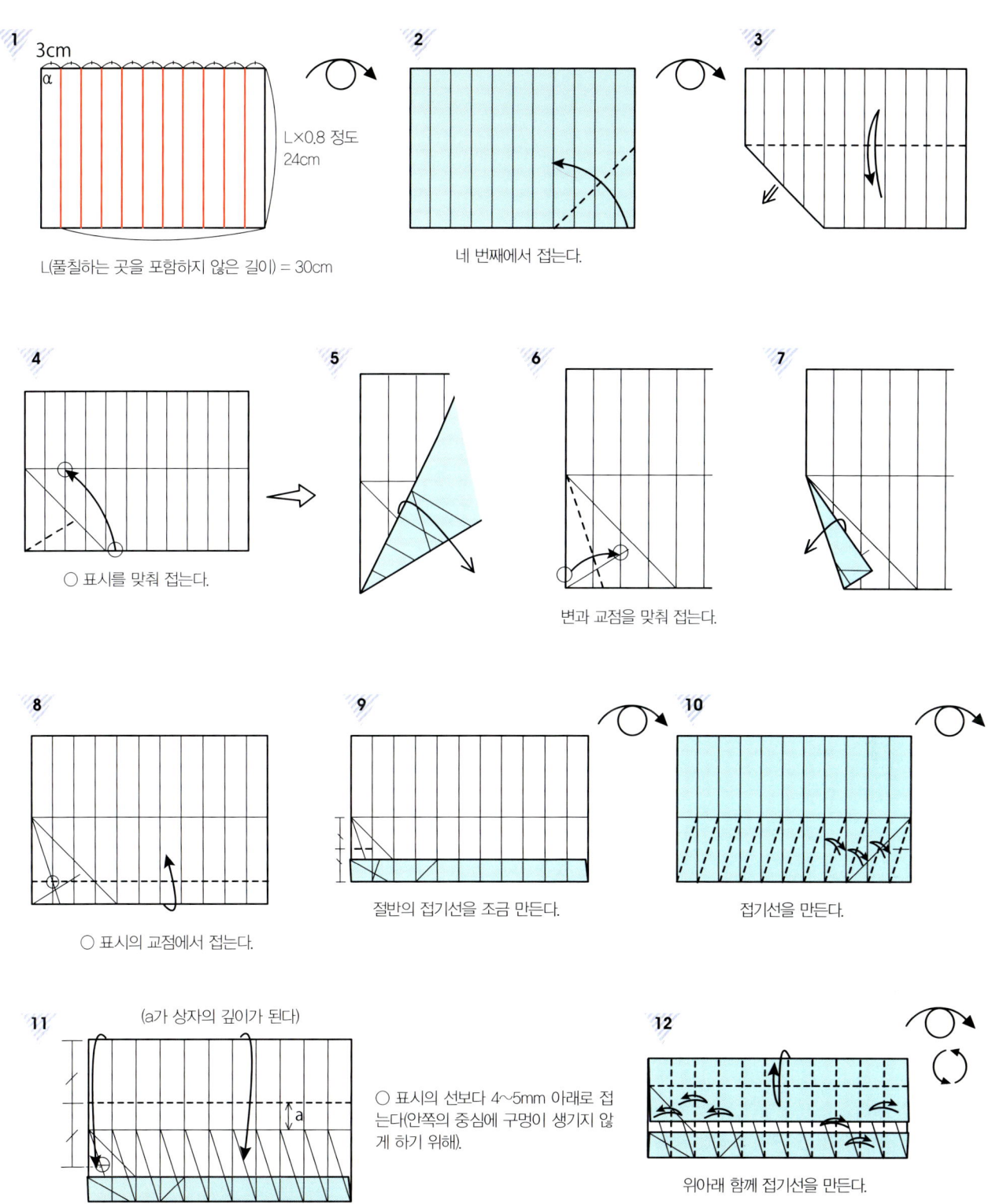

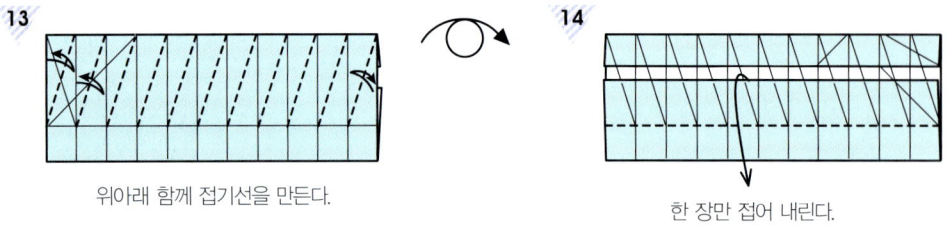

위아래 함께 접기선을 만든다.

한 장만 접어 내린다.

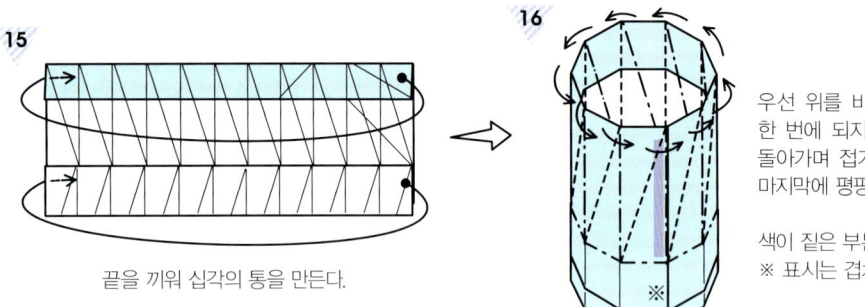

끝을 끼워 십각의 통을 만든다.

우선 위를 비틀어 평평하게 한다. 한 번에 되지 않으므로, 균등하게 돌아가며 접기선 자국을 만들면서 마지막에 평평하게 정리해 간다.

색이 짙은 부분을 풀칠한다.
※ 표시는 겹쳐진 끝 부분

안쪽의 정리는 97쪽과 같다.

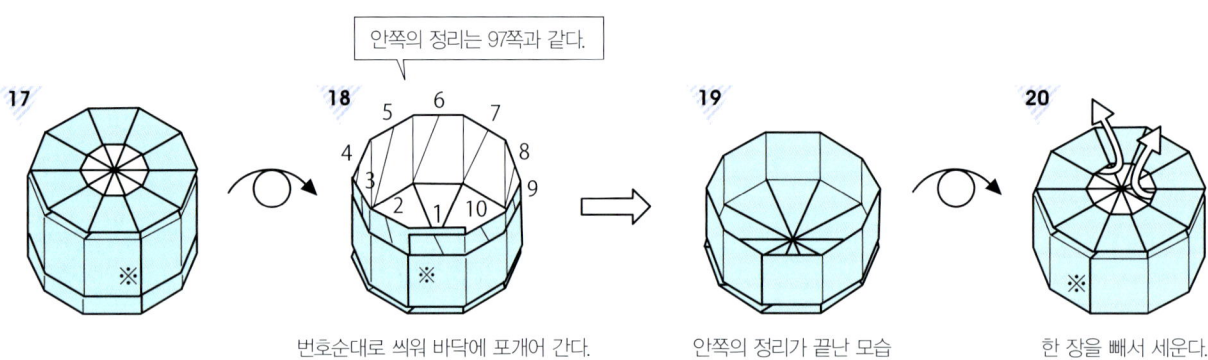

번호순대로 씌워 바닥에 포개어 간다.

안쪽의 정리가 끝난 모습

한 장을 빼서 세운다.

이 계곡선으로 접는다.

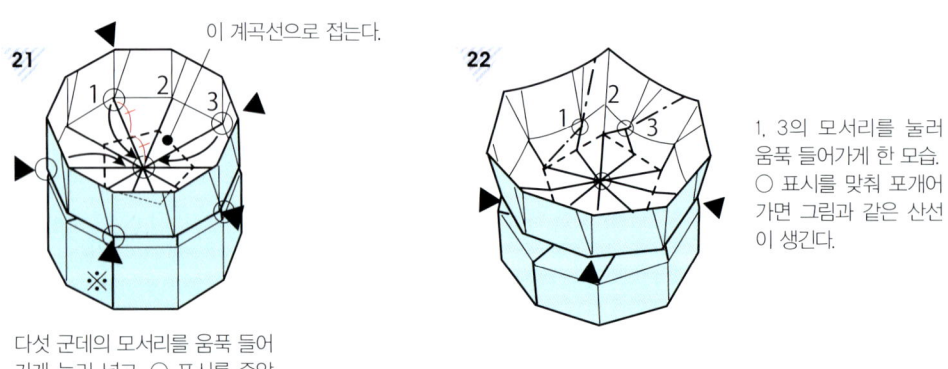

다섯 군데의 모서리를 움푹 들어가게 눌러 넣고, ○ 표시를 중앙으로 모아 주름을 세운다.

1, 3의 모서리를 눌러 움푹 들어가게 한 모습. ○ 표시를 맞춰 포개어 가면 그림과 같은 산선이 생긴다.

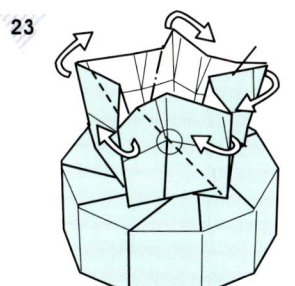

23

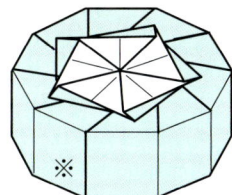

24 [뚜껑 기본 2]

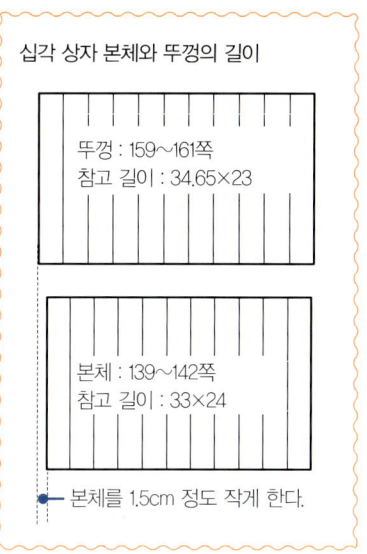

십각 상자 본체와 뚜껑의 길이

뚜껑 : 159~161쪽
참고 길이 : 34.65×23

본체 : 139~142쪽
참고 길이 : 33×24

● 본체를 1.5cm 정도 작게 한다.

눌러서 움푹 들어가게 한 다섯 개의 모서리를 벌려 중앙(○ 표시)으로 모아, 시계 방향으로 비틀어 평평하게 한다.

※ 표시는 겹쳐진 부분

 십각 상자 뚜껑 **별**

★★★ [뚜껑 기본 2] 161쪽 24번부터

위에서 본 그림

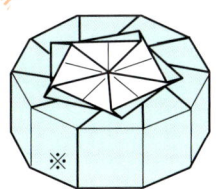

24

※ 표시는 겹쳐진 부분

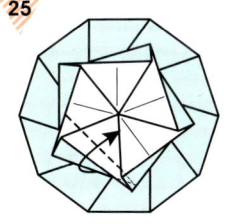

25

중심에 맞춰 아래의 모서리부터 접는다.

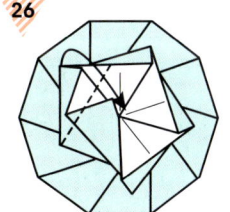

26

중심에 맞춰 모서리부터 접는다.

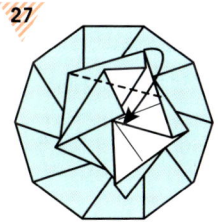

27

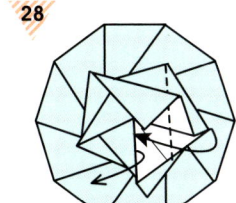

28

처음에 접은 부분을 일단 펼친다.

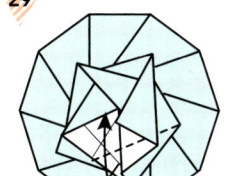

29

끝을 끼워 고정시킨다.

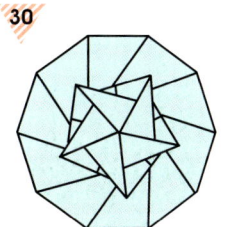

30

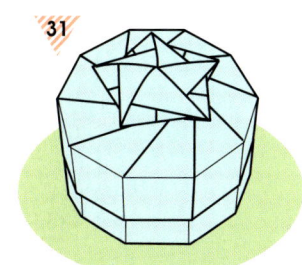

31

작품의 종이 크기
뚜껑 / (31+α)×20cm
본체 / (30+α)×24cm

십각 상자 뚜껑 **회전목마**

★★★ 161쪽 23번부터

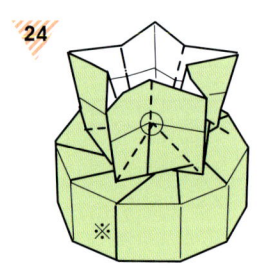

주름을 모은다.
이때, ○ 표시는 떠 있는 상태가 된다.

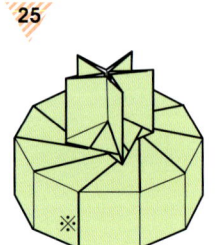

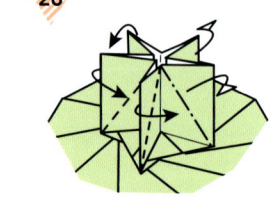

반시계 방향으로 접는다.

되돌린다.

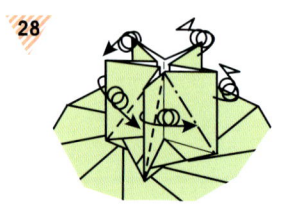

주름을 만다.

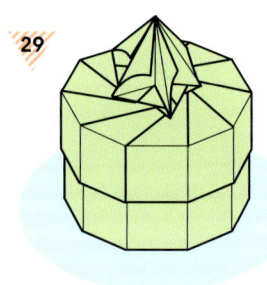

작품의 종이 크기
뚜껑 / (31.5+α)×26cm
본체 / (30+α)×28cm

상자 크기 10.3×7cm

 십각 상자 뚜껑 **꽃 탑 A, B**

★★★ 160쪽 14번부터

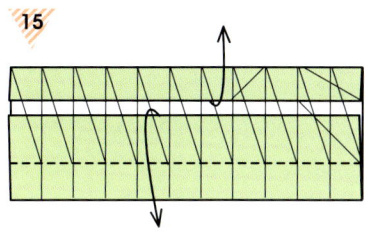

위는 펼치고 아래는 한 장만 접어 내린다.

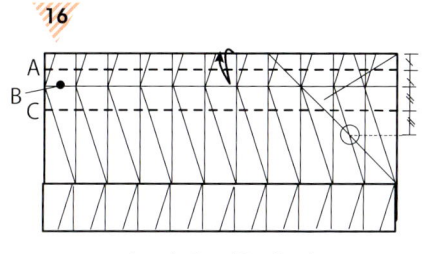

A와 C의 계곡선을 접는다.

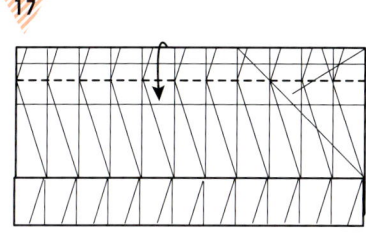

B에서 접는다.

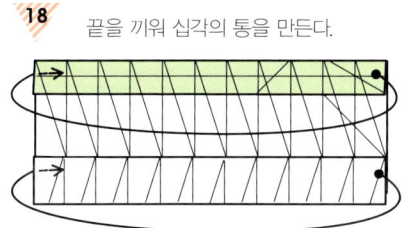

끝을 끼워 십각의 통을 만든다.
이하 160쪽 16번부터 21번까지 접는다.

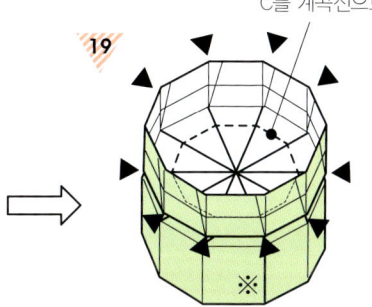

C를 계곡선으로 접는다.
위의 한 장만 계곡선을 접고 모서리를 눌러 넣는다.
10군데 모두 같은 방법으로 접는다.

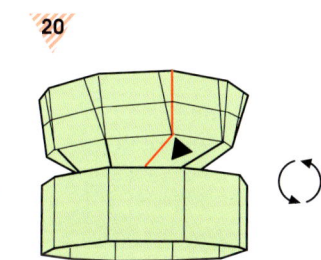

▲ 표시의 모서리를 눌러 넣어 모서리를 없애고 빨간 선을 하나로 이어지는 직선으로 만든다.

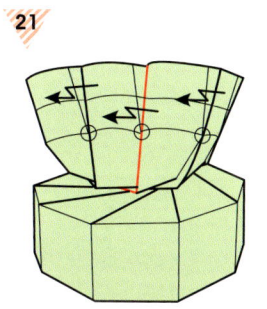

가볍게 주름을 모아 세운다.

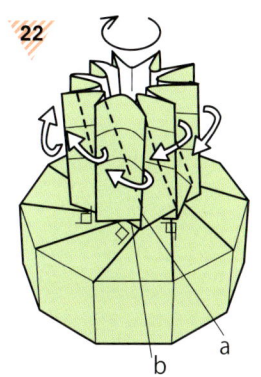

a(세로)와 b(그에 이어지는 가로)의 가장자리를 맞춰 직각으로 접고, 위는 중앙에 맞춰 비틀어 꽃의 아랫부분을 접는다.

[A]

23

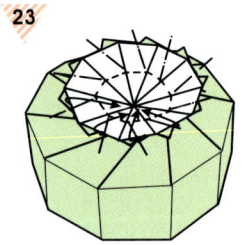

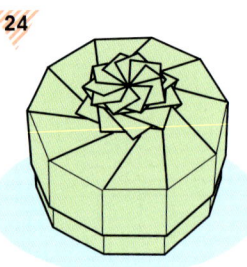

163쪽 16번 A의 선을 반시계 방향으로 계곡 접기를 하고, 중앙에 주름을 모아 꽃의 윗부분을 접는다(148쪽 [꽃] 참조).

24

위의 꽃 : 반시계 방향
아래의 꽃 : 시계 방향

[B] 참고

23 -1

24 -1

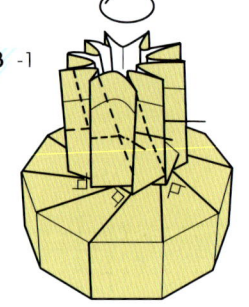

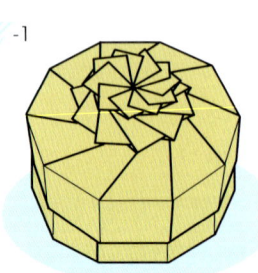

〈참고〉
163쪽 16번 C의 선에서 되접고, 아래의 꽃을 시계 방향으로 비튼 후, 위를 A와 같은 요령으로 접는다(위의 꽃도 시계 방향이 된다). 주름이 지그재그로 접힌다.

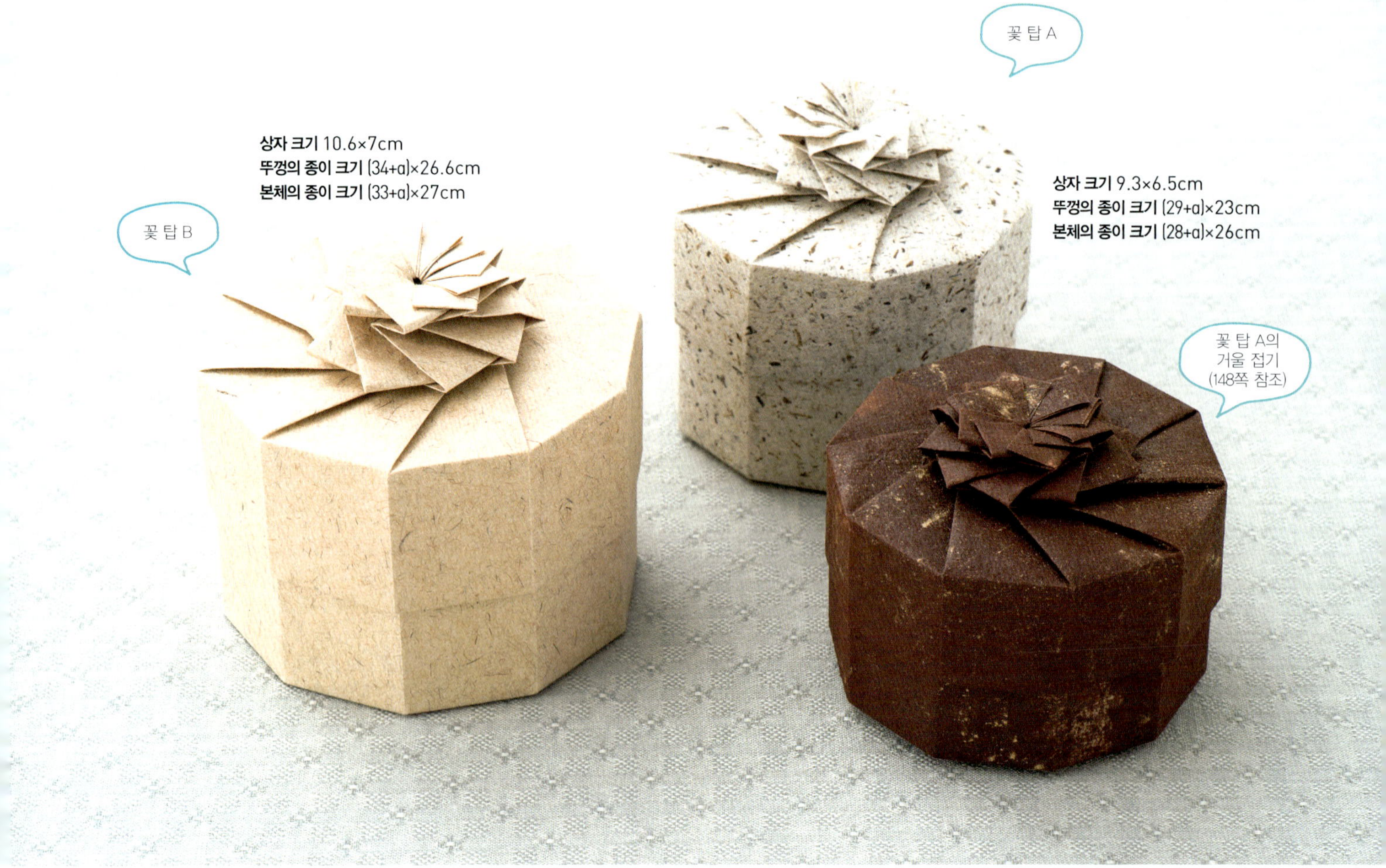

꽃 탑 A
꽃 탑 B
꽃 탑 A의 거울 접기 (148쪽 참조)

상자 크기 10.6×7cm
뚜껑의 종이 크기 (34+α)×26.6cm
본체의 종이 크기 (33+α)×27cm

상자 크기 9.3×6.5cm
뚜껑의 종이 크기 (29+α)×23cm
본체의 종이 크기 (28+α)×26cm